工作量不确定环境下离散时间/资源权衡问题策略研究

田文迪　著

科学出版社
北京

内 容 简 介

离散时间/资源权衡问题作为多模式项目调度问题的子问题,在软件开发项目、工程建筑项目等多模式项目中有着广泛的应用,具有重要的研究价值。本书从工作量不确定环境下离散时间/资源权衡问题的提出及其国内外研究现状出发,对基本离散时间/资源权衡问题及相关问题、现有求解算法进行概述;构建通用测试问题集,并分析其特征参数对离散时间/资源权衡问题的影响;对工作量不确定环境下的离散时间/资源权衡问题的调度策略和模式选择策略进行深入研究。

本书凝聚了作者在离散时间/资源权衡问题的最新研究成果,引用了大量国内外最新成果,反映了当前该领域领先的研究水平。本书对于项目管理领域的科研人员,高校教师,研究生以及从事项目管理工作的管理人员来说,是一本较好的参考书。

图书在版编目(CIP)数据

工作量不确定环境下离散时间/资源权衡问题策略研究/田文迪著. —北京:科学出版社,2020.1

ISBN 978-7-03-061829-0

Ⅰ.①工… Ⅱ.①田… Ⅲ.①项目管理－研究 Ⅳ.①F224.5

中国版本图书馆 CIP 数据核字(2019)第 139011 号

责任编辑:马琦杰 杨 昕 / 责任校对:马英菊
责任印制:吕春珉 / 封面设计:东方人华

科学出版社 出版
北京东黄城根北街 16 号
邮政编码:100717
http://www.sciencep.com

三河市骏杰印刷有限公司印刷
科学出版社发行 各地新华书店经销

*

2020 年 1 月第 一 版 开本:787×1092 1/16
2020 年 1 月第一次印刷 印张:9
字数:213 000

定价:58.00 元
(如有印装质量问题,我社负责调换〈骏杰〉)
销售部电话 010-62136230 编辑部电话 010-62135397-2032

前　　言

　　项目调度问题自提出以来，一直是国内外关注的热点和难点，目前虽然取得了大量研究成果，但绝大多数研究以确定的任务时间和资源为前提，以尽可能短的项目工期为目标，旨在构造一个基准项目调度计划。然而，在实际项目中，由于项目规模大、不确定因素多、环境极其复杂等因素，在项目计划阶段通常采用工作分解结构来估算项目各任务所需的工作量，即人天数，而非任务所需的任务时间和所需资源量。尽管估算的工作量一定，但各任务在项目执行阶段可以采取不同的执行模式。据此，De Reyck 等（1998）和 Erik Demeulemeester 等（2000）提出一类特殊的多模式单瓶颈资源项目调度问题——离散时间/资源权衡问题，该问题是多模式项目调度问题的子问题，在软件开发项目、工程建筑项目等多模式项目中有着广泛的应用。

　　作者长期从事项目调度问题研究，在本书中，专门针对离散时间/资源权衡问题，提出构建离散时间/资源权衡问题测试问题集的构建方法并构建测试问题集，分别对工作量不确定环境下离散时间/资源权衡问题的调度策略和组合模式选择策略进行研究，通过仿真试验和统计模型分析，为项目决策者提供相应的策略。本书提出的调度策略及组合模式选择策略对于工作量不确定环境下的离散时间/资源权衡问题具有重要的理论和现实意义。

　　本书共有 7 章内容。第 1 章介绍本书研究背景和所要研究的问题，对国内外研究现状进行分析和综述，并介绍本书的框架结构、研究意义和主要创新点。第 2 章分别介绍基本离散时间/资源权衡问题、随机离散时间/资源权衡问题和多资源离散时间/资源权衡问题，并对文献综述中求解基本离散时间/资源权衡问题的算法进行系统分析。第 3 章回顾项目调度问题集研究现状，提出测试问题集选取一般流程以及问题集构建方法；构建本书进行仿真试验所需的离散时间/资源权衡问题测试问题集，并分析构建问题集的特征参数对离散时间/资源权衡问题的影响。第 4 章将 Goldratt 博士的关键链/缓冲管理的思想引入离散时间/资源权衡问题中，通过仿真试验从不同角度对接力赛策略和时刻表策略进行对比分析。在第 4 章得出结论的基础上，第 5 章引入资源流网络的思想，对接力赛策略和时刻表策略进行进一步的对比分析。第 6 章对工作量不确定环境下的离散时间/资源权衡问题的模式选择策略进行初步探讨。第 7 章针对本书的研究结论进行总结，并指出未来进一步研究的方向。

　　本书主要创新之处体现在以下几个方面。

　　（1）提出项目调度问题测试问题集的一般流程及测试问题集构建方法，并针对离散时间/资源权衡问题构建基本测试问题集。在没有现成离散时间/资源权衡问题测试问题集的情况下，分析测试问题集的构成要素，考虑项目任务节点数多少、项目网络复杂度等网络结构，工作量大小和可用资源的数量等，借助 RanGen 问题集生成器构造基本离散时间/资源权衡问题测试问题集，为后续策略研究进行仿真试验做准备。

（2）提出关键链识别和插入缓冲区后计划重排算法。研究调度策略过程中，引入关键链/缓冲管理的思想，提出启发式算法来识别项目的关键链，插入缓冲后可能出现资源或紧前关系冲突，针对这些冲突，提出局部和全局重排算法。

（3）通过时刻表策略与接力赛策略的比较分析，发现时刻表策略能缩短项目工期。离散时间/资源权衡问题是在紧前关系和资源约束条件下，找到有效执行模式，并对在此模式组合下的项目进行排程，使项目工期最短。当前研究主要集中在算法，即找最优解问题。然而，我们有可能通过多种不同的模式组合及最优排程计划得到相同的最短工期。在这种情况下，按照不同模式和不同调度策略执行项目，会得到不同的结果。研究工作量不确定环境下离散时间/资源权衡问题的策略，假设离散时间/资源权衡问题的工作量是随机的，服从正态分布，对时刻表策略与接力赛策略进行比较分析，发现时刻表策略能缩短项目工期，从而为项目决策者提出策略指导。

（4）构建多层次混合模型。对大量仿真数据，构建相符合的多层次混合模型，运用 SAS 软件的 Mix model 过程分析调度策略、模式组合选择策略、工作量的不确定性水平等对项目绩效的影响。

（5）总结归纳出工作量不确定环境下 DTRTP 问题的模式组合选择策略和调度策略的一般性原则。这些一般性原则有望提高我国项目经理/项目决策者在多模式项目管理方面的执行和决策能力。

本书的出版得到了以下项目的资助：

武汉纺织大学学术著作出版基金资助项目"工作量不确定环境下离散时间/资源权衡问题策略研究"、国家自然科学基金青年科学基金项目"工作量不确定环境下离散时间/资源权衡问题最优执行模式组合的选择及其策略研究（项目批准号：71201119）"和"基于缓冲管理的项目进度风险应对与控制方法研究（项目批准号：71271097）"、武汉纺织大学校基金项目"离散时间/资源权衡问题的鲁棒性研究"，湖北省人文社科基地-企业决策支持中心项目等，特此表示感谢。

在本书撰写过程中，作者参考了国内外的文献资料，得到了许多人的帮助，特别感谢华中科技大学管理学院崔南方教授和比利时天主教鲁汶大学 Erik Demeulemeester 教授、Willy Herrolen 教授的指导。还有一些未一一提及的朋友给予的支持，在此表示深深的谢意！

由于作者水平有限，书中不足之处在所难免，期待广大读者不吝指教，提出宝贵意见见邮箱地址：wendi.tian@wtu.edu.cn。

田文迪
2017 年 8 月
于武汉光谷

目　　录

第1章 绪 论

项目无处不在，无时不有，在社会生活的各个领域，每天都有大量的项目在产生、进行和完成。20 世纪 20 年代，美国就开始有人研究工程项目管理，在当时科学管理与经济学领域成就的基础上，项目计划管理方法和经济分析方法有了一定的进展。20 世纪 50 年代，各种学科的科学家从不同角度开发了许多理论与方法，如美国在"北极星导弹计划"中开发出计划评审技术（program/project evaluation and review technique，PERT），这一技术的出现被认为是现代项目管理的起点（李红兵，2004）。

所谓项目管理，就是项目的管理者在有限的资源约束下，运用系统的观点、方法和理论对项目涉及的所有工作进行有效管理，即从项目的投资决策开始到项目结束全程进行计划、组织、指挥、协调、控制和评价，以实现项目的目标。由此可见，项目管理是一个长期而又复杂的过程，需要多人参与，按照某一项有效计划进行实施，否则整个项目将陷入混乱。好的项目管理可以成功有效地管理项目，而差的项目管理则有可能导致项目的失败，浪费大量人力、物力、财力。特别是随着经济全球化和市场竞争日趋激烈，项目环境也日趋复杂，企业对项目管理要求越来越高。在项目执行过程中，项目进度超期和预算超支现象严重，太多的变动、关键资源和信息在需要时不能及时到位，各项目之间及项目中的资源争夺时常发生，返工现象多，等等。那么，如何在更短时间内且保证质量的前提下，以更低成本完成项目，成为项目管理人员关心的问题。这就是项目管理中最经典的项目调度问题（project scheduling problem，PSP），也是项目管理中最核心的问题之一。

1.1 项目调度问题的描述及其分类

1.1.1 项目调度问题的描述

项目调度问题一般定义为：在满足项目约束条件的基础上，将资源在时间上分配给项目上的若干个任务，来保证项目的一个或多个项目绩效指标（如工期、费用、资源水平等）最优（Demeulemeester and Herroelen，2002；Hartmann and Briskorn，2010）。从定义可见，项目调度不仅需要对项目上的各个任务节点进行排序，还需要确定各项任务的开始时间或结束时间。项目调度的输出结果为一个能满足约束条件和优化目标的基准项目调度计划（baseline schedule，BS），而这个基准调度计划刚好列出了各项任务的计划开始时间（starting time）和完成时间（finishing time）。

1.1.2 项目调度问题的分类

各类项目调度问题的分类，可以参见 Herroelen 等(1999，2001)采用的分类系统。项目调度问题按照项目数量多少可划分为单项目调度问题和多项目调度问题。单项目调度问题可以分别用 α、β、γ 表示，其中 α 表示项目资源特征，β 表示任务特征，γ 表示项目绩效指标。多项目调度问题可以通过多个单项目调度问题进行表示。

1）资源特征

资源特征 α 包含 3 个参数 $\alpha_1, \alpha_2, \alpha_3$。$\alpha_1$ 描述资源种数（number of resources），α_2 描述资源类型（resource type），α_3 描述资源可用量（resource availability）。

$\alpha_1 \in \{°, m\}$。其中，$\alpha_1 = °$ 表示项目调度问题不涉及资源约束；$\alpha_1 = m$ 表示项目调度问题涉及 m 种资源。

$\alpha_2 \in \{°, 1, T, 1T, v\}$。其中，$\alpha_2 = °$ 表示项目的资源类型不加以限制；$\alpha_2 = 1$ 表示可更新资源（renewable resource）；$\alpha_2 = T$ 表示不可更新资源（non-renewable resource）；$\alpha_2 = 1T$ 表示同时涉及可更新资源和不可更新资源，即双重约束资源；$\alpha_2 = v$ 表示部分可更新资源。

$\alpha_3 \in \{°, k, va, \boldsymbol{a}, \tilde{a}, \boldsymbol{va}, v\tilde{a}\}$。其中，$\alpha_3 = °$ 表示可更新资源的可用量为常量；$\alpha_3 = k$ 表示可更新资源在 k 单位时间内是常量；$\alpha_3 = va$ 表示部分可更新资源的可用量为变量；$\alpha_3 = \boldsymbol{a}$ 表示随机资源的可用量不随时间变动；$\alpha_3 = \tilde{a}$ 表示模糊资源的可用量不随时间变动；$\alpha_3 = \boldsymbol{va}$ 表示随机资源的可用量随时间变动；$\alpha_3 = v\tilde{a}$ 表示模糊资源的可用量随时间变动。

2）任务特征

任务特征 β 包含 9 个参数 $\beta_1, \beta_2, \beta_3, \beta_4, \beta_5, \beta_6, \beta_7, \beta_8, \beta_9$。$\beta_1$ 描述任务抢占可能性（preemption probability），β_2 描述任务紧前约束关系（precedence constraints relationship），β_3 描述任务准备时间（ready time），β_4 描述任务工期（activity duration），β_5 描述截止日期（deadline），β_6 描述任务的资源需求量（resource requirements），β_7 描述任务执行模式类型和数量（the type and number of possible execution modes），β_8 描述任务的财务状况（financial condition），β_9 描述转移时间（change-over time）。

$\beta_1 \in \{°, pmtn, pmtn - rep\}$。其中，$\beta_1 = °$ 表示不允许抢占；$\beta_1 = pmtn$ 表示允许抢占，为抢占-继续类型（preempt-resume）；$\beta_1 = pmtn - rep$ 表示允许抢占，为抢占-重复类型（preempt-repeat）。

$\beta_2 \in \{°, cpm, min, gpr, prob, fuzzy\}$。其中，$\beta_2 = °$ 表示不存在紧前关系；$\beta_2 = cpm$ 表示没有滞后量的完成-开始型紧前关系，即 PERT/CPM 中的紧前关系；$\beta_2 = min$ 表示存在最小滞后量的开始-开始、完成-开始、开始-完成、完成-完成型紧前关系；$\beta_2 = gpr$ 表示存在最大及最小滞后量的开始-开始、完成-开始、开始-完成、完成-完成型的广义紧前关系；$\beta_2 = prob$ 表示随机网络，任务紧前关系无法事先确定；$\beta_2 = fuzzy$ 表示紧前关系的滞后量是模糊的。

$\beta_3 \in \{°, \rho_j, \pmb{\rho}_j, \tilde{\rho}_j\}$。其中，$\beta_3 = °$ 表示准备时间为 0；$\beta_3 = \rho_j$ 表示确定型准备时间；$\beta_3 = \pmb{\rho}_j$ 表示随机型准备时间；$\beta_3 = \tilde{\rho}_j$ 表示模糊型准备时间。

$\beta_4 \in \{°, cont, (d_j = d), \pmb{d}_j, \tilde{d}_j\}$。其中，$\beta_4 = °$ 表示整数工期；$\beta_4 = cont$ 表示连续工期；$\beta_4 = (d_j = d)$ 表示所有任务工期都为 d；$\beta_4 = \pmb{d}_j$ 表示随机工期；$\beta_4 = \tilde{d}_j$ 表示模糊工期。

$\beta_5 \in \{°, \delta_j, \delta_n\}$。其中，$\beta_5 = °$ 表示项目不考虑截止时间；$\beta_5 = \delta_j$ 表示考虑各任务的截止时间；$\beta_5 = \delta_n$ 表示考虑项目的截止时间。

$\beta_6 \in \{°, k, vr, disc, cont, int\}$。其中，$\beta_6 = °$ 表示资源需求为固定离散量；$\beta_6 = k$ 表示最多需要 k 个单位的资源；$\beta_6 = vr$ 表示资源需求为变动离散量；$\beta_6 = disc$ 表示资源需求为任务工期的离散函数；$\beta_6 = cont$ 表示资源需求为任务工期的连续函数；$\beta_6 = int$ 表示资源需求为资源供给量的强度（intensity）或比例函数。

$\beta_7 \in \{°, mu, id\}$。其中，$\beta_7 = °$ 表示单一执行模式；$\beta_7 = mu$ 表示多个约定执行模式；$\beta_7 = id$ 表示模式特征约束。

$\beta_8 \in \{°, c_j, c_j^+, \pmb{c}_j, \pmb{c}_j^+, \tilde{c}_j, \tilde{c}_j^+; per, \pmb{per}, \tilde{per}, sched, \pmb{sched}, \tilde{sched}\}$。其中，$\beta_8 = °$ 表示不考虑现金流；$\beta_8 = c_j$ 表示任务有现金流；$\beta_8 = c_j^+$ 表示任务有正的现金流；$\beta_8 = \pmb{c}_j$ 表示任务有随机现金流；$\beta_8 = \pmb{c}_j^+$ 表示任务有随机正的现金流；$\beta_8 = \tilde{c}_j$ 表示任务有模糊现金流；$\beta_8 = \tilde{c}_j^+$ 表示任务有模糊正的现金流；$\beta_8 = per$ 表示项目有周期性的现金流；$\beta_8 = \pmb{per}$ 表示项目有随机周期性的现金流；$\beta_8 = \tilde{per}$ 表示项目具有模糊周期性的现金流；$\beta_8 = sched$ 表示现金流的时间与流量需要预先确定；$\beta_8 = \pmb{sched}$ 表示随机现金流的时间与流量需要预先确定；$\beta_8 = \tilde{sched}$ 表示模糊现金流的时间与流量需要预先确定。

$\beta_9 \in \{°, s_{jk}, \pmb{s}_{jk}, \tilde{s}_{jk}\}$。其中，$\beta_9 = °$ 表示没有转移时间；$\beta_9 = s_{jk}$ 表示基于序列（sequence-dependent）的转移时间；$\beta_9 = \pmb{s}_{jk}$ 表示基于随机序列（stochastic sequence-dependent）的转移时间；$\beta_9 = \tilde{s}_{jk}$ 表示基于模糊序列（fuzzy sequence-dependent）的转移时间。

3）绩效指标

绩效指标 γ 的参数很多，此处仅罗列常见的一些参数。例如：$\gamma = reg$ 表示常规目标函数；$\gamma = nonreg$ 表示非常规目标函数；$\gamma = C_{max}$ 表示项目工期最小化；$\gamma = T_{max}$ 表示项目拖期最小化；$\gamma = rac$ 表示资源总成本最小化；$\gamma = curve$ 表示时间-费用均衡；$\gamma = npv$ 表示项目净现值最大化；$\gamma = E[\cdot]$ 表示项目目标函数期望值最优化。

1.1.3 典型项目调度问题

由上节项目调度问题分类系统可知，对资源特征的 3 个参数进行不同组合可得到不同的项目调度问题。然而，由于现实环境的复杂性和资源的限制性，资源受限项目调度问题（resource constrained project scheduling problem，RCPSP）是项目调度领域最经典的调度问题，是研究其他项目调度问题的基础。

经典 RCPSP 描述为：在满足项目紧前约束和资源约束的前提下，合理安排项目所有任务的开始时间和完成时间，使项目工期最短。该问题通常假设：对于紧前约束，

只考虑前一项任务完成后下一项任务立即开始的情况；每项任务都是不可中断的；对于资源约束，仅考虑可更新资源约束。采用 Herroelen 等（1999，2000）的划分方法将 RCPSP 划分为"$m,1|cpm,|C_{max}$"，即"m 种资源类型，可更新资源|0 时间延迟的严格紧前关系，|工期最小化"。该问题常见于建筑工程、软件开发及制造行业，已被证明是强 NP-hard 问题（De et al.,1997；Demeulemeester and Herroelen，2002），得到了广大专家学者的关注和研究，并在此基础上不断丰富和发展，扩充形成了若干新的项目调度问题，如多模式资源受限项目调度问题、最小/最大时间滞后资源受限项目调度问题、资源水平与资源总投入问题、网络净现值问题、随机资源受限项目调度问题等（王凌等，2017）。

1.2 本书研究问题的提出及研究概况

1.2.1 研究问题的提出

项目调度问题自 20 世纪 50 年代被提出以来，一直是国内外关注的热点和难点问题，已取得大量的研究成果（Brucker et al., 1999；Herroelen et al., 1998；Demeulemeester and Herroelen, 2002），但绝大多数研究是以确定的任务时间和资源为前提，以尽可能短的项目工期为目标，旨在构造一个基准项目调度计划。然而，在实际项目中，由于项目规模大、不确定因素多、环境极其复杂等原因，在项目计划阶段通常采用工作分解结构（work breakdown structure，WBS）来估算项目各任务所需的工作量（work content，WC），即人天数（man-days），而非任务所需的任务时间和所需资源量（Demeulemeester and Herroelen, 2002）。尽管估算的工作量一定，但各任务在项目执行阶段可以采取不同的执行模式。例如，假设完成某任务需要 15 个工作量，那么可以安排 3 人 5 天来执行该任务，也可以安排 5 人 3 天执行该任务，这就存在多种不同的执行模式。此外，建筑工程、软件开发等项目时常出现瓶颈资源紧缺的现象，如专业技术人员的短缺等（De Reyck，1998）。那么在这种瓶颈资源紧缺的情况下，究竟应该采取何种执行模式能使项目尽快完工？据此，De Reyck（1998），De Reyck 等（1998）和 Demeulemeester 等（2000）提出一类特殊的多执行模式单瓶颈资源项目调度问题——离散时间/资源权衡问题（discrete time/resource trade-off problem，DTRTP），即项目各任务在既定工作量 $W_i(1 \leqslant i \leqslant n)$ 和有限单瓶颈资源的情况下，如何合理选择各任务的有效执行模式 M_i，并在此模式组合下，在满足项目的紧前关系和资源约束的条件下对项目进行排程，使项目工期最短。遗憾的是，上述 DTRTP 问题的研究主要集中在寻找最优执行模式组合及其在此模式下使项目工期最短的调度排程的算法（Demeulemeester et al., 2000；De Reyck et al., 1998；Ranjbar and Kianfar, 2007；Ranjbar et al., 2009）。然而，作为 DTRTP 问题，采用上述文献中的相关算法可以求得多种不同执行模式组合及其在此模式下的最优调度排程，但由于实际项目环境中存在项目工作量的不确定性，项目经理/项目决策者究竟应该选取何种执行模式组合以及何种调度策略来执行项目，才能使项目最终的绩效最好呢？

以图 1.1 为例，有 3 个项目任务节点{1，2，3}，1 个虚拟开始任务节点 0 和 1 个虚拟尾任务节点 4。项目的可用资源量为 7，各任务节点上方角括号内的数字分别表示该任务节点的工作量的均值和对应的方差。图 1.2 表示得到的 3 个可行的最优调度计划（对应 3 种不同模式组合）：串行计划，并行计划，混合计划。可以看出这 3 种调度计划都是可行的，并且项目工期相等，都为 11 个时刻单位，它们对应相同的工作量，不同的模式组合，不同的任务时间和不同的资源需求量。图 1.3 表示根据 3 种不同的基准调度计划执行项目得到的模拟仿真结果。从图中可以看出尽管 3 个调度计划的工期相等，但模拟仿真的结果却相差很大。

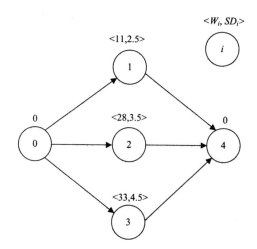

图 1.1　简单实例网络图

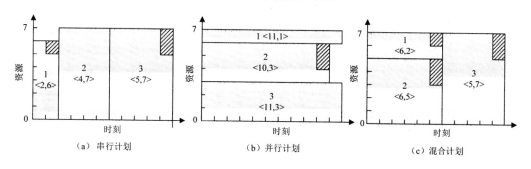

图 1.2　实例的最优调度计划

通过上述简单实例得到不同的仿真结果，提出以下问题。

（1）对于工作量不确定环境下的 DTRTP 问题，应该选取何种模式组合策略使项目的绩效更好？

（2）在项目实施阶段，应该采取何种调度策略进行调度使项目的绩效更好？

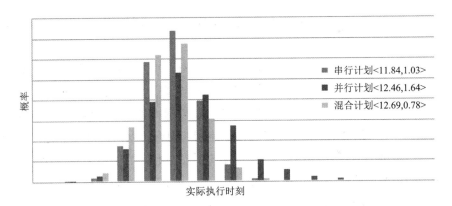

图 1.3　3 种最优调度计划的模拟仿真结果比较

在工作量不确定环境下，由于工作量的不确定性对项目工期的影响及调度策略之间的差异，按照不同模式组合及其对应的基准调度计划实施所得到的仿真结果不同。本书正是在此背景下，针对工作量不确定环境下的离散时间/资源权衡问题，研究其在实际实施过程中，采取何种调度策略进行调度以及采取何种策略来选择模式组合能使项目的绩效更好。

1.2.2　研究概况

采用 Herroelen 等（1999，2000）的划分方法，DTRTP 问题为"$1,1|cpm,disc,mu|C_{max}$"，即 1 种资源类型，可更新资源|0 时间延迟的严格紧前关系，任务存在多个执行模式，任务所需资源是关于任务离散执行时间的离散函数|工期最小化。DTRTP 问题有成千上万种有效的模式组合，其组合模式个数为 $O(|M|^n)$，其中 $|M|$ 表示各任务节点可能存在的模式数，而 n 表示项目任务节点数（Demeulemeester et al.，2000）。该问题已被证明是强 NP-hard 问题（De et al.，1997）。事实上，如果将 DTRTP 问题的各个任务的工作量设置为 1，那么项目的各任务只有 1 个时间和资源均为 1 的可执行模式。此问题可以看作存在紧前约束关系的并行机器问题（Graham et al.，1979），其定义为"$P|prec,p_j=1|C_{max}$"，也被证明是强 NP-hard 问题（Ullman，1975）。NP-hard 问题是一类特殊而重要的问题，由于其客观难度，现有求解算法大多是根据问题特征设计的启发式算法（黄文奇和许如初，2006）。启发式算法不能保证找到问题的全局最优解，但往往能在可接受的时间内找到满足实际要求的近似解。正因如此，启发式算法已成为现实求解 NP-hard 难题的主流方法。

Demeulemeester 等（2000）在多模式思想的基础上，提出分支定界法（branch and bound，B&B）来解决小规模 DTRTP 问题。其他求解 DTRTP 问题的算法主要是根据问题特征设计出的启发式算法，如 De Reyck 等（1998）在局部探索和禁忌算法（tabu search，TS）的基础上，设计出一个启发式算法；Ranjbar 和 Kianfar（2007）在遗传算法（genetic algorithm，GA）基础上提出元-启发式算法；Long 和 Ohsato（2008）则采用模糊关键链法来对此问题进行项目排程；Ranjbar 等（2009）在分散探索和路径重连接方法的基础上，提出混合元-启发式算法来解决 DTRTP 问题。

不难看出，针对 DTRTP 问题的研究主要集中在算法上，且工作量都考虑确定性。然而，在现实环境中，各种原因很可能会导致工作量的不确定，因而，本书针对不确定环境下的 DTRTP 问题展开研究。

1.3　本书的结构与主要内容

本书共包含 7 章研究内容，可分为 4 个部分。第一部分包括第 1~3 章，概述离散时间/资源权衡问题，为本书的研究奠定理论、方法和实验基础。第二部分包括第 4 和第 5 章，对工作量不确定环境下的离散时间/资源权衡问题的调度策略进行深入研究。第三部分包括第 6 章，对工作量不确定环境下的离散时间/资源权衡问题的模式选择策略进行探讨。第四部分包括第 7 章，针对本书的研究结论进行总结，并指出未来进一步研究的方向。各章具体内容安排如下：

第 1 章对项目调度问题进行概述，介绍本书研究背景和所要研究的问题，对国内外关于离散时间/资源权衡问题的研究现状进行分析和综述，并介绍本书的框架及研究内容。

第 2 章分别介绍经典离散时间/资源权衡问题、随机离散时间/资源权衡问题和多资源离散时间/资源权衡问题，并对文献综述中求解经典离散时间/资源权衡问题的算法进行系统分析。

第 3 章回顾项目调度问题集研究现状，提出测试问题集选取一般流程以及问题集构建方法；构建本书进行仿真试验所需的离散时间/资源权衡问题测试问题集，并分析构建问题集的特征参数对离散时间/资源权衡问题的影响。

第 4 章将 Goldratt 博士的关键链/缓冲管理的思想引入离散时间/资源权衡问题中，通过大量的仿真试验从不同角度对接力赛策略和时刻表策略进行对比分析。此外，还专门针对关键链/缓冲管理方法，提出识别关键链的启发式算法和关键链计划重排算法。

第 5 章在第 4 章得出结论的基础上，又引入资源流网络的思想，对接力赛策略和时刻表策略进行进一步的对比分析。通过大量模拟仿真得出较好的优先级别，再应用资源流网络法，从优先级和资源流网络两个角度设计实验，分别进行小规模问题集和大规模问题集仿真，并得到实验数据。对得到的数据进行分析，建立符合数据的多层次混合模型。采用 SAS 软件 GLM 过程对数据进行影响分析，分析资源流网络及优先级分别对接力赛策略和时刻表策略的影响，从而归纳出适合不同测试问题集的混合调度策略，为项目决策者提出合理建议。

第 6 章对工作量不确定环境下的离散时间/资源权衡问题的组合模式选择策略进行初步探讨，提出串行度和项目计划工期两个特征参数对组合模式选择策略的影响。

第 7 章对本书的研究结论进行总结，并指出未来进一步研究的方向。

第2章 离散时间/资源权衡问题的模型及求解算法

本章对基本离散时间/资源权衡问题和相关扩展问题进行介绍，并对求解离散时间/资源权衡问题的算法进行系统分析和总体评述。

2.1 离散时间/资源权衡问题的模型

2.1.1 经典基本离散时间/资源权衡问题

项目任务用离散的执行时间和不递增的单资源来表示，将任务的执行时间与所需资源的乘积定义为任务的工作量。假设项目中各任务节点都给定特定工作量 $W_i(1 \leqslant i \leqslant n)$，所有有效执行模式 M_i 是由离散时间和资源决定的。对于任务节点 i，当执行模式为 $m(1 \leqslant m \leqslant M_i)$ 时，其执行时间为 d_{im}，所需要的可更新资源数为 r_{im}，那么 $r_{im} \times d_{im}$ 大于或等于 W_i。其中，有效的执行模式是指在满足执行时间与所需资源的乘积大于或等于工作量的前提下，若存在多个任务执行时间相等或所需资源量相同的模式，则应选取工作量较小的那个执行模式为有效执行模式。为了防止漏选执行模式，通常将执行模式按照执行时间的降序或升序进行排序。另外，项目的可更新资源量为 a。在本书中，项目网络图用节点网络图（activity on nodes，AON）表示。项目的首任务节点 0 和尾任务节点 $n+1$ 是单一的执行模式，其执行时间和所需资源都为 0。DTRTP 问题的目标是在满足紧前关系和资源约束的条件下，找到有效执行模式组合，并对在此模式组合下的项目进行排程，使项目工期最短。经典 DTRTP 问题的数学模型可以描述为以下形式：

$$x_{imt} = \begin{cases} 1, & \text{选择第 } i \text{ 个任务节点对应的第 } m \text{ 种模式和 } t \text{ 开始时刻} \\ 0, & \text{反之} \end{cases}$$

$$\min \sum_{t=e_n}^{l_n} t x_{n1t} \tag{2-1}$$

$$\sum_{m=1}^{M_i} \sum_{t=e_i}^{l_i} x_{imt} = 1, \quad 1 \leqslant i \leqslant n \tag{2-2}$$

$$\sum_{m=1}^{M_i} \sum_{t=e_i}^{l_i} (t+d_{im}) x_{imt} \leqslant \sum_{m=1}^{M_j} \sum_{t=e_j}^{l_j} t x_{jmt}, \quad (i,j) \in E \text{ （紧前关系集合）} \tag{2-3}$$

$$\sum_{i=1}^{n} \sum_{m=1}^{M_i} r_{im} \sum_{s=\max\{t-d_{im},e_i\}}^{\min\{t-1,l_i\}} x_{ims} \leqslant a, \quad 1 \leqslant t \leqslant T \tag{2-4}$$

$$x_{imt} \in \{0,1\}, 1 \leq i \leq n, 1 \leq m \leq M_i, 0 \leq t \leq T \qquad (2\text{-}5)$$

目标函数式（2-1）是为了最小化项目工期，约束函数式（2-2）是为了保证每个项目任务节点准确分配一个模式和相应的开始时刻，不等式（2-3）和式（2-4）分别表示项目紧前关系约束和资源约束，式（2-5）为取值范围。

2.1.2　多资源离散时间/资源权衡问题

多资源离散时间/资源权衡问题（multi-resource discrete time/resource trade-off problem，MDTRTP）是经典离散时间/资源权衡问题的扩展问题，与经典离散时间/资源权衡问题相比，MDTRTP 问题含有多种可更新资源（Ranjbar et al.，2009）。MDTRTP 问题是项目在给定工作量 $W_{ik}(1 \leq i \leq n, 1 \leq k \leq R)$ 和多种可更新资源 a_k（$1 \leq k \leq R$）的情况下，如何合理选择各任务的有效执行模式 M_i，并在此模式组合下，在满足项目的紧前关系和资源约束的条件下对项目进行排程，使项目工期最短。任务 0 和任务 n 分别表示首任务和尾任务，其工作量 $W_{0k} = W_{nk} = 0, k = 1, \cdots, |R|$，执行模式 $|M_0| = |M_n| = 1$。对于其他任务节点 i，当执行模式 $m(1 \leq m \leq M_i)$ 时，其执行时间和所需可更新资源量分别为 d_{im} 和 r_{imk}，那么 $r_{imk} \times d_{im} \geq W_{ik}$。有效执行模式是指当所有其他模式的工期更大或者至少存在一种可更新资源 k 情况下资源可用量更大。为了防止漏选执行模式，通常对执行模式的执行时间进行非降序排序。显然，问题既是 MDTRTP 问题，也是 MRCPSP 问题，属于 NP 问题。MDTRTP 问题的数学模型描述为以下形式：

$$\min \sum_{t=e_n}^{l_n} t x_{n1t} \qquad (2\text{-}6)$$

$$\sum_{m=1}^{M_i} \sum_{t=e_i}^{l_i} x_{imt} = 1, 1 \leq i \leq n \qquad (2\text{-}7)$$

$$\sum_{m=1}^{M_i} \sum_{t=e_i}^{l_i} (t+d_{im}) x_{imt} \leq \sum_{m=1}^{M_j} \sum_{t=e_j}^{l_j} t x_{jmt}, (i,j) \in E \qquad (2\text{-}8)$$

$$\sum_{i=1}^{n} \sum_{m=1}^{M_i} r_{imk} \sum_{s=\max\{t-d_{im},e_i\}}^{\min\{t-1,l_i\}} x_{ims} \leq a_k, 1 \leq k \leq R, 1 \leq t \leq T \qquad (2\text{-}9)$$

$$x_{imt} \in \{0,1\}, 1 \leq i \leq n, 1 \leq m \leq M_i, 0 \leq t \leq T \qquad (2\text{-}10)$$

目标函数式（2-6）是为了最小化项目工期，约束函数式（2-7）是为了保证每个项目任务节点准确分配一个模式和相应的开始时刻，不等式（2-8）和式（2-9）分别表示项目的紧前关系约束和资源约束，式（2-10）为取值范围。不难发现，MDTRTP 模型与 DTRTP 模型相比较而言，主要区别在于 MDTRTP 问题涉及多种可更新资源 $a_k(1 \leq a_k \leq R)$，而 DTRTP 问题仅存在单瓶颈可更新资源 a，即两模型仅限于式（2-4）与式（2-9）存在不同，式（2-9）表示第 k 种可更新资源 a_k 的资源约束。

2.1.3 随机离散时间/资源权衡问题

随机离散时间/资源权衡问题，即指工作量是随机产生的。在本书中，假设工作量服从正态分布（也可以假设服从其他分布）。下面举例说明随机工作量对任务工期的影响。

假设工作量是服从均值为31和方差为3.0的正态分布 $N(31,3.0)$，可更新资源数 a 为10。于是得到8种不同的有效执行模式<任务所需时间，任务所需资源数>：<4,8>，<5,7>，<6,6>，<7,5>，<8,4>，<11,3>，<16,2>，<31,1>。不同执行模式下任务所需时间概率分布如图2.1所示（图2.1是进行1000次模拟仿真得到的分布图）。图中曲线从左至右依次为模式1~模式8对应的任务所需工期概率分布。从图中可以看出模式的编号越小，任务所需工期均值和方差越小。表2.1给出了图2.1中8种模式下具体的任务工期均值和方差。

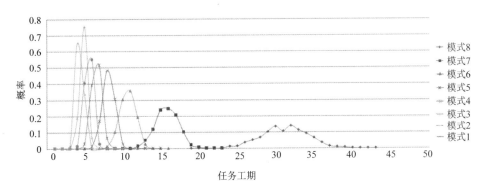

图 2.1　8种模式下的任务工期概率分布图

表 2.1　模式对应的任务工期均值和方差

模式	模式 1	模式 2	模式 3	模式 4	模式 5	模式 6	模式 7	模式 8
对应工期均值	4	5	6	7	8	11	16	31
对应工期方差	0.49	0.50	0.58	0.66	0.8	1.04	1.53	3.02

2.2　经典离散时间/资源权衡问题的求解算法

目前，关于DTRTP问题的文献较少，几乎所有的文献都集中在算法的研究上。由于DTRTP问题是MRCPSP问题的子问题，许多用于解决一般性MRCPSP问题的算法都能用于解决DTRTP问题。在过去几十年里，出现了大量算法，既包括确定性算法，也包括启发式算法。Demeulemeester等（2002）、Hartmann等（2010）和Van Peteghem等（2010）都对MRCPSP问题的算法做出了文献综述。下面就工作量确定环境下DTRTP

问题的求解算法进行综合分析和评述。

2.2.1　精确求解算法

精确求解算法虽然在理论上能够得到最优解，但对于规模较大的问题往往因计算量和计算时间过于庞大而无法在有效时间内进行求解，因此通常只用于解决小规模问题或复杂度较低的中规模问题。现有的精确算法以分支定界法为主，它利用树形结构将解空间划分成多个分支后，再通过定界去掉较差的解分支来缩小搜索空间。

Demeulemeester 等（2000）在多模式思想的基础上，提出基于深度优先的分支定界法来求解小规模离散时间/资源权衡问题。此算法在每个决策点对可行且极大任务模式组合（可行且极大任务模式组合是指在某种执行模式下，任务能同时并行执行而不会引起资源冲突，并且并行任务数达到极大值，若再加入一个任务就会引起资源冲突）进行搜索，以 $lb = \max\{lb_0, lb_r\}$ 作为下界（lb_0 表示基于紧前约束关系的下界，而 lb_r 则表示基于资源的下界），通过 4 类支配规则（消除冗余任务模式组合支配规则、割集支配规则、单模式左移支配规则和多模式左移支配规则）来不断进行剪枝缩小解空间。

（1）定界规则（bounding rules）：在每个决策点 t，计算下界 $lb = \max\{lb_0, lb_r\}$，其中 $lb_0 = \max\left\{\max_{i \in E'}\{x_i\}, \max_{i \in S'}\{\min\{x_i, y_i\}\}\right\}$。这个下界由下一决策点 t' 决定。E' 表示时刻 t' 即将可行的任务集合，S' 表示时刻 t' 正在执行的任务集合。对于 $i \in E'$，$x_i = t' + RCPL_{i1}$；对于 $i \in S'$，$y_i = s_i + RCPL_{im}$。其中，$RCPL_{i1}$ 表示任务节点 i 及后续节点组成网络的关键路径（所有任务节点仅考虑模式 1，那么对应任务所需时间最短，关键路径最短），s_i 表示局部调度计划 PS_t 中任务节点 i 的开始时间，$RCPL_{im}$ 表示任务节点 i 及后续节点组成网络的关键路径（任务节点 i 的模式则是在局部调度计划 PS_t 中模式，任务节点 i 后续节点则是选取模式 1）。计算 lb_0 的复杂度为 $o(n)$，$lb_r = \left\lceil \left(\sum_{i=1}^{n} W_i\right) \middle/ a \right\rceil$，其中 $\left\lceil \left(\sum_{i=1}^{n} W_i\right) \middle/ a \right\rceil$ 表示大于或等于 $\left(\sum_{i=1}^{n} W_i\right) \middle/ a$ 的最小整数。在各决策点 lb_r 需要更新用于补偿资源-时间关于可用工作量损耗，通常有两种类型损耗，一种是任务执行过程中的时间资源乘积超出其工作量，另一种是时刻 t' 之前没使用的可用资源量。

（2）消除冗余任务模式组合规则（redundant activity-mode combinations）：局部调度计划 PS_m 包含任务节点 j 在时刻 m 开始，在模式 k 情况下任务节点所需时间为 d_{jk}，完成时间为 f_{jk}^m；若该任务节点存在另一模式 l 满足资源约束，任务节点所需时间为 d_{jl}，完成时间为 f_{jl}^m，且 $d_{jk} > d_{jl}$，$f_{jk}^m > f_{jl}^m$，则 $t = f_{jl}^m$ 为新的决策点，并称局部进度计划 PS_m 被支配。

（3）割集支配规则（cut-set dominance rule）：在时刻 m 处割集 C_m 与搜索树其他路径上的割集 C_k 包含相同任务节点 j，且 $k \leqslant m$；记局部调度计划 PS_k 中任务节点 j 的完

成时间为 f_j^k，所需资源为 r_j^k；局部调度计划 PS_m 中相应的任务节点 j 的完成时间 f_j^m，所需资源为 r_j^m。若 $f_j^k \leqslant f_j^m$ 且 $r_j^k \leqslant r_j^m$ 成立，则称局部进度计划 PS_m 被支配。

（4）单模式左移支配规则（sigle-mode left-shift dominance rule）：该规则的思想最早来源于分支定界法求解单模式资源受限项目调度问题（Demeulemeester et al., 1992; Stinson et al., 1978;Sprecher et al., 1998; Sprecher et al.,1997）。在单一模式中，局部进度计划 PS_m 中存在任务节点 i，不改变模式和不违反资源、紧前约束情况下，任务节点 i 可以提前开始（即任务节点 i 可以左移），则称局部进度计划 PS_m 被支配。

（5）多模式左移支配规则（multi-mode left-shift dominance rule）：该规则来源于 Sprecher 等（1997）、Sprecher 等（1998）求解 MRCPSP 问题时提出的多模式左移规则，即局部进度计划 PS_m 中存在任务节点 i 在另一模式下完成时间更早（任务节点 i 可以左移），则称局部进度计划 PS_m 被支配。

Demeulemeester 等（2000）采用 ProGen/Max 生成大量 DTRTP 问题集，运用分支定界法对问题集从 CPU 限定时间和可用内存、问题特征参数等不同角度对分支定界法进行大量测试，结果显示可用内存越大，割集支配规则越有效，分支定界法越有效；CPU 限定时间比可用内存对最优解求解和偏离最优解及下界程度的影响要大。当 CPU 限定时间很短时，内存限制对算法性能没什么影响；而当 CPU 限定时间足够的情况下，有足够内存能增加算法的效果。但是，一般情况下，限制内存时并不能得到同样结论。排序强度越大，DTRTP 问题越易找到最优解，并且所需时间越短；可用资源量与 DTRTP 问题复杂度之间的曲线关系不成单一直线，而是近似钟形曲线：当可用资源量增加，计算复杂度上升到极值然后再下降。总之，运用分支定界法能有效找到小规模 DTRTP 问题的最优解。

2.2.2 启发式算法

1. 禁忌算法和局部探索算法

禁忌算法（tabu search，TS）是一种启发式随机搜索算法，它从一个初始可行解出发，运用某种特定的方式产生一系列的特定搜索方向（移动），选择实现让特定的目标函数值变化最多的搜索方向。为了避免陷入局部最优解，禁忌算法在搜索中采用了一种灵活的"记忆"技术（即禁忌表），对已经进行的优化过程进行记录和选择，指导下一步的搜索方向。为了避免错过最优解，还专门设置特赦准则进行局部搜索，进而实现全局优化。

De Reyck 等（1998）在局部探索算法基础上提出禁忌算法，该算法将 DTRTP 问题分解成模式分配和含有固定模式的资源受限项目调度两个阶段，并通过对领域进行搜索，设置禁忌表，利用特赦准则和终止准则来找到 DTRTP 问题的局部最优解。

（1）邻域（neighborhood）：改变当前解中某个任务节点的执行模式，其他任务节点的执行模式不发生改变，按照这种规则可以产生最大数量为 $\sum_i^n (M_i - 1)$ 的移动数量。

用这种方法产生的邻域移动的数量是有限的，因而可以确保找到一个全局最优解。

（2）禁忌表（tabu list）：禁忌表中记录的是前若干次的领域移动。在禁忌表中的移动通常被禁止返回。这样做的目的是为了防止搜索陷入局部最优。而在算法经过若干次迭代后，又会将禁忌表中的邻域移动重新释放。为了降低计算量，禁忌长度和禁忌表的集合不宜太大，但是禁忌长度太短容易循环搜索，禁忌表太小容易陷入局部极优解。该算法将平均禁忌长度设为 $2\sqrt{n}$，即当项目任务数为 10～30 时，禁忌长度为 6～11。另外还设置禁忌长度随机来自 $[\sqrt{n}, 3\sqrt{n}]$，这就可以使当移动数太大时禁忌表长度减小，当移动数太小时禁忌表长度增加，当迭代没有改善迄今为止最优解时，禁忌长度减小或增长 1 个单位，或者保持不变。

（3）特赦准则（aspiration criteria）：为了避免遗失优良状态，激励对优良状态的局部搜索，进而实现全局优化制定相应特赦准则。该算法从目标函数、影响、搜索方向等 3 个方面进行解禁，以便能够继续搜索。

（4）终止规则（termination criteria）：①10000 次迭代；②没有改进已知最好方案的情况下迭代 1000 次；③超出限定时间 100 秒；④当求得方案的工期达到下界。其中下界计算方法：$lb = \max\{lb_0, lb_r\}$，$lb_r = \left\lceil \left(\sum_{i=1}^{n} W_i \middle/ a \right) \right\rceil$。$W_i$ 表示任务节点 i 的工作量，a 表示项目可用资源量，lb_0 表示在项目中各任务节点分配了最短执行时间的模式的情况下，项目关键路径的长度。

此外，De Reyck 等人还将该禁忌算法与快速迭代下降算法、快速下降算法、深度迭代下降算法、深度下降算法、剪枝完全枚举法和随机探索算法 6 种启发式算法进行比较。通过大量仿真发现禁忌算法要比这 6 种局部探索算法好。99%以上的仿真问题，禁忌算法能通过局部搜索找到最优方案。此外，与 Demeulemeester 等（2000）提出的分支定界法进行比较，发现分支定界法尽管能在一定可接受时间范围内找到最优解，并且结果要比禁忌算法和其他 6 种局部探索算法好，但有时候，即使寻找一个可行解，分支定界法所需时间却比禁忌算法和其他 6 种局部探索算法要长，且占用内存要大。禁忌算法最大优势在于它的灵活性和通用性，即它更适应于求解其他假设条件和不同类型的问题。他们指出禁忌算法还可以用于求解 MRCPSP、GRCPSP、RCPSP-GPR 等问题，或者不同目标函数的项目调度问题。

2. 基于遗传算法的元-启发式算法

Ranjbar 等（2007）在遗传算法基础上提出元-启发式算法来解决 DTRTP 问题，该算法采用多样性初始解生成法生成优先级表和模式列表，并结合拓扑排序（topological ordering，TO），利用串行进度生成机制（serial schedule generation scheme，SSGS）构建相应的调度计划，以此作为初始种群。从初始种群中选取一个父调度方案和母调度方案，采用基于资源使用率的交叉算子、变异算子和局部搜索机制获得一个儿子调度方案和一个女儿调度方案，并将生成的儿子、女儿调度方案添加到初始种群中。如此循环，直到超出限定时间或者当求得方案的工期达到下界才终止。

（1）多样性初始解生成法（diversification generation method）：为了使生成的初始解具有多样化，采用基于频率记忆（frequency memory）的偏随机抽样方法（biased random sampling method）。初始种群里每个优先级随机生成的用矩阵 $\boldsymbol{P}_{n \times n}$ 表示，其中 P_{ij} 表示优先级 j 被分配给任务 i 的次数。为了生成新的随机优先级，采用偏随机抽样方法成反比率进行分配。生成模式列表与此类似。

（2）交叉（crossover）：选择父母调度后，交叉算子将父调度计划和母调度计划结合一起生成儿子调度计划和女儿调度计划（后续进行详细说明）。①计算双点交叉算子 cp_1 和 cp_2。令 $A = (a_t)$ 为 $t = 1, 2, \cdots, f(S)$ 的可更新资源，a_t 表示时刻 t 可用资源量，$f(S)$ 表示调度计划 S 的工期，RUR 表示资源使用率（resource utilization ratio），在调度计划 S 中时间段 $[t_1, t_2]$ 的 RUR 表示为 $\mathrm{RUR}^S[t_1, t_2] = \sum_{t=t_1}^{t_2} \dfrac{a - a_t}{a}$。随机选取长度 Δ 使 $\dfrac{1}{3} f(S) \leqslant \Delta \leqslant \dfrac{2}{3} f(S)$，需要找出时间 $t^* \in \{0, 1, \cdots, f(S) - \Delta\}$ 使 $\mathrm{RUR}^S[t^*+1, t^*+\Delta] \geqslant \mathrm{RUR}^S[t+1, t+\Delta]$，$\forall t = 1, \cdots, f(S) - f'$。一旦 t^* 确定，那么 $cp_1(S) = t^*$，$cp_2(S) = t^* + \Delta$。②通过双点交叉算子获得儿子调度计划。按照以下结合规则得到儿子调度计划 S_s 的优先级表（P_s）和模式列表（m_s）：若 $P_{fi} < cp_1(S_f) \Rightarrow P_{si} = P_{mi} - b$ 和 $m_{si} = m_{mi}$，或者若 $cp_1(S_f) \leqslant P_{fi} \leqslant cp_2(S_f) \Rightarrow P_{si} = P_{fi}$ 和 $m_{si} = m_{fi}$，或者若 $P_{fi} > cp_1(S_f) \Rightarrow P_{si} = P_{mi} + b$ 和 $m_{si} = m_{mi}$。③通过交换父调度计划和母调度计划，很容易获得女儿调度计划。④在考虑工期的下界基础上，选择儿子调度计划 S_s 或者女儿调度计划 S_d 作为孩子调度计划 S_c。

（3）变异（mutation）：为了避免生成类似的种群，对于每个孩子调度计划，发生变异的概率为 P_{mut}，即改变发生变异的任务节点的优先级和模式。对于每个随机选择的任务节点 i，随机选择任务节点 j（$j \neq i$），并交换它们的优先级数值。因此，任务 i 和 j 的模式也发生改变。

（4）局部探索（local search）：为了强化搜索，对于每个生成的孩子调度计划，以概率 P_{ls} 对其进行局部搜索。当 $m_i < M_i$ 时，将分配给任务节点的模式 m_i 改为 $m_i + 1$；如果 $m_i > 1$，将其模式改为 $m_i - 1$。然后采用串行进度生成机制 SSGS 就生成新的调度计划。如果生成的新的调度计划有所改善，就运用 TO 条件并重新进行局部探索。如果没有任何改善，就停止局部搜索过程。

（5）终止规则（termination criteria）：①规定的时间；②求得方案的工期达到下界。其中下界计算方法：$lb = \max\{lb_0, lb_r\}$，lb_0 表示在项目中各任务节点分配了最短执行时间的模式且考虑资源可用量的情况下，项目关键路径长度。lb_r 由公式 $lb_r = \left\lceil \left(\sum_{i=1}^{n} W_i \right) \middle/ a \right\rceil$ 计算，当 $W_i' = \min_{m=1}^{M_i} \{d_{im} r_{im}\}$ 超过 W_i 时，采用 W_i' 计算下界。

他们通过仿真将该算法与 De Reyck 等（1998）提出的禁忌算法进行比较，仿真结果显示该算法要比禁忌算法更好、更有效。

3. 基于分散探索和路径重连接的混合元-启发式算法

Ranjbar 等（2009）在分散探索和路径重连接方法基础上，提出混合元-启发式算法来解决 MDTRTP 问题。随机生成任务和模式列表，利用 SSGS 构建相应的调度计划，并通过不断修改任务列表来满足 TO 条件，从而生成初始种群。然后，再构造参考集并生成参考子集，采用路径重连方法将参考集中的参考子集合并，从而产生新调度方案（算法见表 2.2）。

表 2.2   基于分散探索和路径重连接的混合元-启发式算法

步骤 1：生成含有 $\|P\|$ 个方案的初始种群 P。
步骤 2：构建参考集 RefSet，该参考集包含 RefSet1 和 RefSet2，其中 RefSet1 包含 b_1 个工期较短的方案，RefSet2 包含 b_2 个方案，其多样性较高。
步骤 3：采用子集生成方法生成新的子集 Newsubset，并使种群为空 $P=\varnothing$。 当新的子集不为空集 $Newsubset \neq \varnothing$，执行以下循环。
步骤 4：在新的子集中选择下一个子集 σ。
步骤 5：应用方案组合方法到 σ 得到新的方案。
步骤 6：从步骤 5 中得到新的方案中选择 nrc，以 P_{ls} 概率对其进行改进，并将其加入种群中。
步骤 7：从子集中去掉 σ。   循环结束
步骤 8：TO 规则应用到迄今为止最优方案中，并加入种群中。
步骤 9：任务网络结构反向。
步骤 10：满足终止规则任何一个，则停止；否则转步骤 2。

针对 DTRTP 问题，通过大量仿真，并将他们提出的混合元-启发式算法（SS）与 Demeulemeester 等（2000）提出的分支定界法（B&B）和 De Reyck 等（1998）提出的禁忌算法以及 Ranjbar 等（2007）提出的遗传算法进行比较。仿真结果显示，当在有限模式组合的情况下，分支定界法要比启发式算法好；但在无限模式组合的情况下，尤其在项目任务节点增加和 CPU 限制时间减少的前提下，SS 算法最好。此外，还给出 MDTRTP 模型，并针对 MDTRTP 问题，比较 SS 算法和遗传算法，发现在所有情况下，SS 算法更优。此外，他们还针对 RCPSP 和 MRCPSP 问题改进了基于分散探索和路径重连接的混合元-启发式算法。

2.2.3   其他方法

由于 DTRTP 问题是 MRCPSP 的子问题，许多用于解决一般性 MRCPCSP 问题的算法都能用于求解 DTRTP 问题。在过去几十年里，研究领域出现了大量算法，大致可以分为两大类：精确求解算法和启发式算法。Demeulemeester 等（2002）、Hartmann 等（2010）、Van Peteghem 等（2010）以及国内刘士新（2001）和田文迪等（2011）都对求解 MRCPSP 问题的算法做出了相应的文献综述。在现有的文献综述基础上，关于

MRCPSP 问题归纳如表 2.3 所示。

表 2.3 MRCPSP 文献综述归纳

作者	年份	方法	数据库	项目任务节点数	$|M|$	R	NR	R/NR
Slowinski	1980	LP	own	—	—	—	—	RNR
Talbot	1982	B&B	own	10,20,30	1-3	3	0	RNR
Patterson et al.	1989	B&B	—	30	3	—	—	RNR
Speranza & Vercellis	1993	B&B	own	10-20	≥2	1-6	1	RNR
Boctor	1993	Heur	own	50,100	1-4	1,2,4	0	R
Drexl & Grünewald	1993	Heur	own	10	2-4	3	1	RNR
				10	2-4	3	3	RNR
Sprecher	1994	B&B	own	10	3	2	2	RNR
Özdamar & Ulusoy	1994	Heur	own	20-57	1-3	1-6	1-6	RNR
Slowinski et al.	1994	SA	own	30	2	3	3	RNR
Boctor	1996a	SA	Boctor (1993)	50,100	1-4	1,2,4	0	R
Boctor	1996b	Heur	Boctor (1993)	50,100	1-4	1,2,4	0	R
Hartmann & Sprecher	1996	Speranza & Vercellis (1993)	—	—	—	—	—	RNR
Sprecher et al.	1997	B&B	PSPLIB	10	3	2	2	RNR
Sung & Lim	1997	Heur	own	20,30,50	2-4	4	0	R
Mori & Tseng	1997	GA	own	20,30,40, 50,60,70	2-4	4	0	R
Kolisch & Drexl	1997	Heur	PSPLIB	10, 30	3	2	2	RNR
Hartmann & Drexl	1998	B&B	PSPLIB	10,12,14,16	3	2	2	RNR
Sprecher & Drexl	1998	B&B	PSPLIB	10,12,14, 16,18,20	3,1-5	2,1-5	2, 1-3	RNR
			own	10,12,14, 16,18,20	3	2	0	R
Özdamar	1999	GA	PSPLIB	10	2	3	0	RNR
			own	90	2	2	2	RN R
Knotts et al.	2000	Heur	Maroto & Tormos (1994)	50	2	3	0	R
Nonobe & Ibaraki	2001	TS	PSPLIB	30	3	2	2	R
Józefowska et al.	2001	SA	PSPLIB	10,12,14, 16,18,20,30	3	2	2	RNR
Hartmann	2001	GA	PSPLIB	10,12,14, 16,18,20,30	3	2	2	RNR
Bouleimen &Lecocq	2003	SA	PSPLIB	10,12,14, 16,18,20,30	3	2	2	RNR

续表

作者	年份	方法	数据库	项目任务节点数	$|M|$	R	NR	R/NR
Alcaraz et al.	2003	GA	PSPLIB	10,12,14,16,18,20,30	3	2	2	RNR
			Boctor(1993)	50,100	1-4	1,2,4	0	NR
Zhang et al.	2006	PSO	PSPLIB	10,12,14,16,18,20	3	2	2	RNR
Zhu et al.	2006	B&C	PSPLIB	20, 30	3	2	2	RNR
Lova et al.	2006	Heur	Boctor (1993)	50,100	1-4	1,2,4	0	R
Jarboui et al.	2008	PSO	PSPLIB	10,12,14,16,18,20,30	3	2	2	RNR
Ranjbar et al.	2009	SS-PR	PSPLIB	10,12,14,16,18,20	3	2	2	RNR
Lova et al.	2009	GA	PSPLIB	10,12,14,16,18,20,30	3	2	2	RNR
			Boctor (1993)	50,100	1-4	1,2,4	0	NR
Van Peteghem & Vanhoucke	2010	GA	PSPLIB	10,15,20,25,30	3	2	2	RNR
			Boctor (1993)	50,100	1-4	1,2,4	0	NR
Elloumi & Fortemps	2010	HREA	PSPLIB	10,12,14,16,18,20,30	3	2	2	RNR
Wang & Fang	2011	SFLA	PSPLIB	10,15,20,25,30	3	2	2	RNR
Van Peteghem & Vanhoucke	2011	SS	Own	50	3	2	2	RNR
			PSPLIB	10,12,14,16,18,20,30	3	2	2	RNR
Wang & Fang	2012	EDA	PSPLIB	10,15,20,25,30	3	2	2	RNR
Li & Zhang	2013	ACO	PSPLIB	10,15,20,25,30	3	2	2	RNR
Soliman & Elgedi	2014	EDA	PSPLIB	10,12,14,16,18,20,30	3	2	2	RNR
Muritiba et al.	2018	PR	PSPLIB	10,15,20,25,30	3	2	2	RNR
			Boctor (1993)	50,100	1-4	1,2,4	0	NR

注：R/NR——可更新资源（R）或者既包括可更新资源也包括不可更新资源（RNR）；$|M|$——执行模式个数；R——可更新资源数；NR——不可更新资源数。

1. 确定性算法

Slowinski（1980）是最早采用两阶段线性规划的方法来解决多模式调度问题的学者。而 Talbot 于 1982 年引入 0-1 规划模型，提出枚举算法来解决此问题。随后，出现了大量枚举算法，这些算法可以划分为 3 类。

（1）先占树：Patterson 等（1989）改进了 Talbot 的算法，并引进了基于先占树的分支定界法。Sprecher（1994）也改进了 Talbot 的算法，在此算法基础上添加优势和定界的规则。Speranza 等（1993）则提出深度分支定界法，然而 Hartmann 等（1996）指出此算法存在一定的缺陷：在某些情况下无法找到最优的方案。Sprecher 等（1998）提出新的基于先占树的算法，通过添加一些新的定界标准加以改进。

（2）模式及延迟替换：Sprecher 等（1997）将 Demeulemeester 等（1992）解决单模式 RCPSP 问题的思想应用到多模式问题中，提出采用延迟和模式替换的思想来解决多模式问题。

（3）模式及扩充替换：Hartmann 等（1998）提出基于模式及扩充的思想来解决 MRCPSP 问题，并将此方法与上面两种枚举法进行比较。

此外，Zhu 等（2006）提出分支分割算法来解决 MRCPSP 问题。所有这些确定性算法，对于小规模问题是非常有效的。对于大规模问题，这些确定性算法在有限时间内较快找到最优解是比较困难的。而启发式算法的出现则解决了此类问题。

2. 启发式算法

Talbot（1982）提议在他的枚举算法的基础上进行分支来解决多模式资源约束问题。Boctor（1993）比较 21 种不同优先级的调度算法，给出其中 5 种较好且有效的算法。Drexl 等（1993）在并行调度和最短执行时间的基础上，提出一种随机抽样算法。Özdamar 等（1994）提出局部约束方法。Boctor（1996b）基于关键路径提出一种启发式算法。Kolisch 等（1997）则提出局部探索算法。Sung 等（1997）采用 2 个最低界，并嵌套 2 阶段启发式算法，给出了一个分支定界法。Knotts 等（2000）提出多代理的算法。Lova 等（2006）设计了基于不同优先规则的多路径启发式算法。此外，还有大量的元-启发式算法用于解决多模式资源约束问题，大致可分为自然进化类算法、仿生/仿物类算法、人工搜索算法和其他类算法。

自然进化类算法：Mori 和 Tseng（1997），Özdamar（1999），Hartmann（2001），Alcaraz 等（2003）提出遗传算法。Lova 等（2009）利用强大的局部探索方法对原有的遗传算法加以改进，提出混合遗传算法。Van Peteghem 和 Vanhoucke（2010）提出双种群遗传算法。Demark 等（2009）采用差分进化算法（differential evolution, DE）求解 MRCPSP 问题，Elloumi 和 Fortemps（2010）采用基于秩次的混合进化算法（hybrid rank-based evolutionary algorithm, HREA）。

仿生/仿物类算法：Slowinski 等（1994），Boctor（1996a），Józefowska 等（2001），Bouleimen 和 Lecocq（2003）采用模拟退火算法（simulated annealing，SA）；Zhang 等（2006）提出粒子群（particle swarm optimization, PSO）算法；Jarboui 等（2008）采用混合粒子群优化算法解决 MRCPSP 问题，并将此方法与模拟退火算法和粒子群算法进行比较；Li 和 Zhang（2013）提出蚁群算法（ant colony optimization, ACO）；Wang 和 Fang（2011）采用蛙跳算法（shuffled frog-leaping algorithm, SFLA），通过启发式函数进行启发式搜索，从而找到组合最优问题的解。蛙跳算法结合了以遗传为基础的模因算法（memetic algorithm，MA）和以社会行为为基础的粒子群优化算法的优点。

人工搜索算法：Nonobe 和 Ibaraki（2001）提出禁忌算法（tabu search，TS）；Ranjbar 等（2009）提出混合分散探索-路径重连的方法（scater search path relinking algorithm，SS-PR）；Van Peteghem 和 Vanhoucke（2011）在考虑资源短缺特征基础上，提出 3 种方法结合分散搜索算法（scater search algorithm, SS）来求解 MRCPSP 问题，结果显示，这 3 种改进方法非常有效；Muritiba 等（2018）提出路径重连算法（path-relinking algorithm，PR）求解 MRCPSP。

其他类算法：Wang 和 Fang（2012）提出分布估计算法（estimated of distribution algorithm, EDA）求解 MRCPSP；Soliman 和 Elgedi（2014）改进分布估计算法，与 Wang 和 Chen（2012）算法进行比较显示改进分布估计算法较之更有效。

第 3 章　离散时间/资源权衡问题测试问题集的构建及其特征参数影响分析

为了研究工作量不确定环境下的离散时间/资源权衡问题的调度策略和组合模式选择策略，需要进行大量的模拟仿真，而仿真就需要大量的离散时间/资源权衡问题测试问题集。目前，没有现成的离散时间/资源权衡问题测试问题集，因此，需要构建离散时间/资源权衡问题的测试问题集。本章首先简要回顾项目调度问题集的研究现状；其次，针对项目调度问题提出选取测试问题集的一般流程及问题集的构建方法；最后，根据问题集的构建方法构建离散时间/资源权衡问题的测试问题集，并分析特征参数对离散时间/资源权衡问题求解的影响。

3.1　项目调度问题集研究现状

项目调度问题自 20 世纪中期被提出以来，求解算法得到了深入而广泛的研究，如确定性算法、启发式算法、元-启发式算法等（Demeulemeester et al., 2002）。而测试问题集被用来对算法性能进行测试和比较。

目前，大量专家学者从事测试问题集的相关研究。Patterson（1984）最早提出测试单项目资源受限项目调度问题的 Patterson 问题集，该问题集在国际上一直采用至今。但该问题集中的调度问题不是通过设定符合要求的参数生成的，所以不能有效代表项目调度的各种可能性。此外，该问题集中的问题已被证明更易通过精确算法进行求解（Demeulemeester et al., 1999; Kolisch et al., 1995）。为了克服这些缺点，许多专家学者开始研发用于测试调度问题的软件。

Demeulemeester 等（1993）开发了第一款随机问题集生成器，但该生成器仅能够设置项目任务节点数和项目网络结构中的紧前关系，不能设置其他特定衡量指标，如网络结构复杂度、资源指标等。Agrawal 等（1996）在此基础上开发了 DAGEN 问题集生成器，该生成器能够设置项目网络结构的复杂度。Kolisch 等（1992, 1995）设计出另一问题集生成器 ProGen，即可以通过设置网络基本结构（网络任务节点数、紧前关系、网络复杂度）和 2 个资源指标（资源因子、资源强度）生成相应的问题。Schwindt（1995, 1996, 1998）对 ProGen 进行扩展，引入时间约束的概念，设计了最小、最大时间滞后调度问题集生成器 ProGen/Max。Tavares（1998）通过设置 6 项网络结构指标生成调度问题的网络结构，但其网络结构不是来自可行网络结构，所以生成的网络结构不具有强随机性。Demeulemeester 等（2003）开发了 RanGen 问题集生成器，生成的调度问题具有强随机性网络结构,从而能满足所需要的复杂度指标。Vanhoucke 等（2008）对 RanGen 进行了扩展,得到 RanGen2 问题集生成器。Gutiérrez 等（2004）开发了 HierGen 多层次项目问题集生成器。Browning 等（2010）开发了第一个多项目问题集生成器 RCMPSP。

下面重点介绍国际上常用的两个用于生成问题集的软件（单项目问题集生成器 RanGen 和多项目问题集生成器 RCMPSP）,3 套标准问题集（Patterson 问题集、PSPLIB 标准问题库和 RCMPSPLIB 标准问题库）。

3.1.1 问题集生成器

1. RanGen 问题集生成器

RanGen[①]问题集生成器,包含 Demeulemeester 等（2003）开发的 RanGen1 和 Vanhoucke 等（2008）开发的 RanGen2,其初始界面见图 3.1。这两个问题集生成器都包含网络拓扑结构、资源。它们的区别在于设置网络拓扑结构的参数不同。下面分别介绍 RanGen 问题集生成器需设置的相关参数。

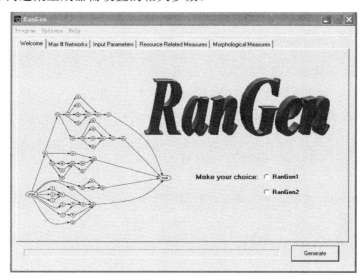

图 3.1 RanGen 问题集生成器初始界面

1）RanGen1 问题集生成器网络拓扑结构参数

RanGen1 问题集生成器表示网络拓扑结构参数有 3 种:①调度问题的任务节点数（n）。②排序强度（order strength,OS）:网络结构中实际紧前关系除以理论上最大紧前关系数（不包含虚拟节点）,其取值范围为（0,1）。OS 越大,表示网络中存在紧前关系越多。③复杂度系数（complexity index,CI）:度量网络结构趋于串行/并行结构的程度。

---

① RanGen 下载网址:http://www.projectmanagement.ugent.be/research/data/RanGen,最后登录时间 2018 年 12 月 7 日。

在初始界面选择 RanGen1 问题集生成器后，首先在"Max#Networks"选项卡中设置生成问题集的时间限制（"Timelimit"）和问题集中调度问题个数的限制（"Maximum number of generated networks"），见图 3.2；接着在"Input Parameters"选项卡中设置调度问题的任务节点数 n 和排序强度 OS，见图 3.3。完成设置后 RanGen1 问题集生成器将在规定时间内迅速计算复杂度系数 CI。

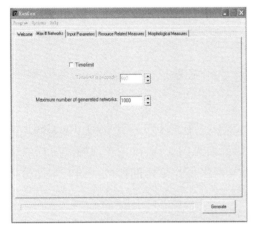
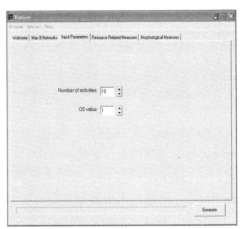

图 3.2　RanGen1"Max#Networks"选项卡　　图 3.3　RanGen1"Input Parameters"选项卡

2）RanGen2 问题集生成器网络拓扑结构参数

RanGen2 问题集生成器网络拓扑结构参数有以下 6 种：

① 网络大小指标（network size indicator, $I_1 = n$）：调度问题的任务节点数。

② 串行/并行指标$\left(\text{serial/parallel indicator}, I_2 = \begin{cases} 0, & n=1 \\ \dfrac{m-1}{n-1}, & n>1 \end{cases}\right)$：度量网络结构是否

接近串行网络结构（所有任务节点都在一条链上）或接近并行网络结构（不存在前置任务），取值范围为[0,1]。当 $I_2 = 0$ 时，表示项目中所有任务节点并行（ $m=1$ ）；当 $I_2 = 1$ 时，表示项目中所有任务节点串行（ $m=n$ ）。

③ 任务节点分布指标$\left(\text{activity distribution indicator}, I_3 = \begin{cases} 0, & m \in \{1,n\} \\ \dfrac{\alpha_w}{\alpha_{\max}} = \dfrac{\sum\limits_{a=1}^{m}|w_a - \overline{w}|}{2(m-1)(\overline{w}-1)}, & m \notin \{1,n\} \end{cases}\right)$：

度量网络结构中在渐进水平上任务节点的分布，取值范围为[0,1]。当 $I_3 = 0$ 时，表示所有任务节点在渐进水平上服从均匀分布；当 $I_3 = 1$ 时，表示渐进水平为 $m-1$ 的网络宽度为 1，渐进水平为 1 的网络宽度为 $n-(m-1)$ 。

④ 最短弧指标$\left(\text{short arcs indicator}, I_4 = \begin{cases} 1, & D = n-w_1 \\ \dfrac{n'-n+w_1}{D-n+w_1}, & D > n-w_1 \end{cases}\right)$：度量渐进水平中

尾节点与各弧开始节点之间存在差异的短弧的所有紧前关系数，取值范围为 $[0,1]$。当 $I_4 = 0$ 时，表示网络中最短弧的最小数为 $n - w_1$；当 $I_4 = 1$ 时，表示网络中各任务节点与下一级任务节点都相连。

⑤ 最长弧指标 $\left(\text{long arcs indicator}, I_5 = \begin{cases} 1, & |A| = n - w_1 \\ \dfrac{\left(\sum\limits_{l=2}^{m-1} n' \dfrac{m-l-1}{m-2} \right) + n_1' - n + w_1}{|A| - n + w_1}, & |A| > n - w_1 \end{cases} \right)$：度

量渐进水平中尾节点与各弧开始节点之间存在差异的长弧的所有紧前关系数，取值范围为 $[0,1]$。当 $I_5 = 0$ 时，表示网络中有 $n - w_1$ 条弧的长度为 1，其他弧的最长长度为 $m-1$；当 $I_5 = 1$ 时，表示网络中所有弧的长度为 1。

⑥ 拓扑浮动指标 $\left(\text{topological float indicator}, I_6 = \begin{cases} 0, & m \in \{1, n\} \\ \dfrac{\sum\limits_{i=1}^{n} |RL_i - PL_i|}{(m-1)(n-m)}, & m \notin \{1, n\} \end{cases} \right)$：度量项

目网络结构中渐进和回归水平之间存在差异的任务节点的拓扑浮动因子，取值范围为 $[0,1]$。当 $I_6 = 0$ 时，表示网络中所有任务节点的拓扑浮动因子为 0；当 $I_6 = 1$ 时，表示网络中有 m 个串行任务节点的拓扑浮动因子为 0，有 $n-m$ 个并行任务节点的拓扑浮动因子为 $m-1$。

在初始界面选择 RanGen2 问题集生成器后，同样需要在"Max#Networks"选项卡中设置生成问题集的时间限制（"Timelimit"）和问题集中调度问题个数的限制（"Maximum number of generated networks"），然后在"Input Parameters"选项卡中设置问题集中调度问题的任务节点数 I_1 和串行/并行指标 I_2，见图 3.4。随后，RanGen2 问题集生成器将在规定时间内迅速计算 I_3、I_4、I_5 和 I_6，见图 3.5。

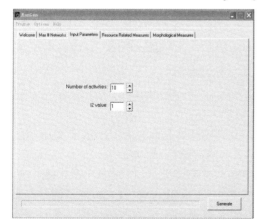

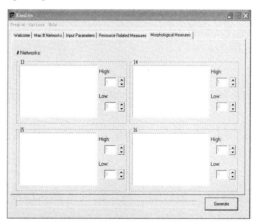

图 3.4　RanGen2 "Input Parameters"选项卡　　图 3.5　RanGen2 "Morphological Measures"
选项卡

3）RanGen1 问题集生成器和 RanGen2 问题集生成器资源参数

RanGen1 问题集生成器和 RanGen2 问题集生成器在"Resource Related Measures"选项卡中设置三大类资源参数：资源类型数（"Number of resources"）、资源要求量（"Resource request measures"）和资源需求量（"Resource demand measures"），见图 3.6。

其中，资源要求量是用来决定各任务节点的资源类型，它有两个备选指标参数：

① 资源因子 $\left(\text{resource factor, RF} = \dfrac{1}{nK} \sum\limits_{i=1}^{n} \sum\limits_{k=1}^{K} \begin{cases} 1, & r_{ik} > 0 \\ 0, & \text{其他} \end{cases} \right)$。

② 资源使用量 $\left(\text{resource use, RU}_i = \sum\limits_{k=1}^{K} \begin{cases} 1, & r_{ik} > 0, \quad i = 1, 2, \cdots, n \\ 0, & \end{cases} \right)$。

而资源需求量则是确定各任务节点的资源可用量，也有两个备选指标参数：

① 资源强度 $\left(\text{resource strength, RS}_k = \dfrac{a_k - r_k^{\min}}{r_k^{\max} - r_k^{\min}} \right)$。

② 资源约束度 $\left(\text{resource constrainedness, RC}_k = \dfrac{\overline{r_k}}{a_k} \right)$。

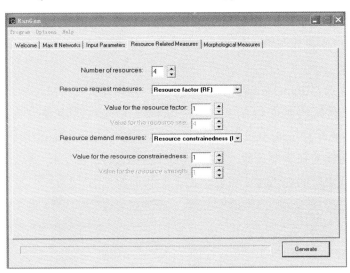

图 3.6　"Resource Related Measures"选项卡

2. RCMPSP 问题集生成器及其问题集

RCMPSP 问题集生成器是由 Browning 和 Yassine 于 2010 年在 Microsoft Office Excel 平台上设计而成的，参数设置见表 3.1。RCMPSP 问题集[①]共包含 12320 个子问题，每个子问题含有 3 个子项目，每个子项目有 20 个任务节点和 4 种类型的资源，并且子项

---

① RCMPSP 问题集下载网址：http://sbuweb.tcu.edu/ tbrowning/RCMPSPinstances.htm，最后登录时间 2018 年 12 月 7 日。

目用设计结构矩阵（design structure matrix, DSM）的形式表示。RCMPSP 问题集分别存放在 20 个文件夹中（这 20 个文件夹是复制而成的，含有相同的电子表格结构和 VBA 代码，仅仅是随机生成的问题不同），即每个文件夹包含 616 个子问题，分别存放在 8 个 Excel 工作簿中，每个 Excel 工作簿含有 77 个独立的子问题工作表和 1 个位于首端的概括性工作表"Test Bank"（见图 3.7）。此外，每个 Excel 工作簿还含有 RCMPSP 问题集生成器代码，当选择概括性工作表中的"Generate TestBank"命令或启动宏文件时，将重新生成不同的子问题。这 8 个 Excel 工作簿的区别在于复杂度期望值（4 个等级："HHH""HHL""HLL""LLL"）和 MAUF 期望方差（2 个等级：0 或 0.25）的不同，而工作簿中 77 个独立子问题的区别在于 NARLF 期望值（[-3, 3]之间 7 个不同整数等级）和 MAUF 期望值（[0.6, 1.6]，以 0.1 递增的 11 个等级）的不同。用户可以根据自己的需要设置上述参数生成相应的问题集。

表 3.1　RCMPSP 问题集生成器输入参数

输入变量	名称	取值范围
L	调度问题中项目数	3
N_l	项目 l 中任务节点数	20
K_l	项目 l 中资源类型种数	4
d_{il}	项目 l 中任务节点 i 的工期	[1, 9]取整
r_{ilk}	项目 l 中任务节点 i 所需资源类型 k 的数量	[1, 9]取整
$\{C_{des,1}, \cdots, C_{des,l}\}$		[0, 1]
$NARLF_{des}$	NARLF 期望值	[-3, 3]
α	NARLF 灵敏度阈值	~0.025
$MAUF_{des}$	MAUF 期望值	[0.6, 1.6]
β	MAUF 灵敏度阈值	~0.025
$\sigma^2_{MAUF,des}$	MAUF 期望方差	[0, 0.25]

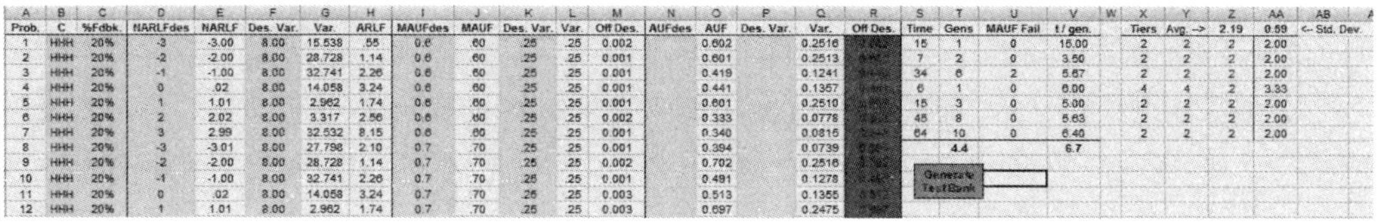

图 3.7　Excel 工作簿中概括性工作表"Test Bank"

3.1.2　国际上标准问题库

1. Patterson 问题集

Patterson 问题集是 Patterson 于 1984 年提出的。该问题集由 110 个单一模式单项目资源受限项目调度问题组成，其中 7~23 个任务节点的问题有 55 个，27~35 个任务节点的问题有 45 个, 51 个任务节点有 10 个问题 (见表 3.2); 4 个问题只涉及 1 种可更新资源, 3 个问题涉及 2 种可更新资源, 其余 103 个问题涉及 3 种可更新资源。Patterson 问题集可在 PSPLIB 标准问题库网站中的 "other benchmarks" 中下载, 其问题集中问题的表现形式见图 3.8 (以 Pat1 为例), 第 1 行 14 表示该问题共有 14 个任务节点数, 3 表示涉及 3 种可更新资源; 第 2 行 2、1 和 2 分别表示 3 种不同类型的可更新资源的可用资源量; 第 3 行至第 16 行表示 Pat1 问题所对应网络结构及其特征参数, 其中第 1 列表示各任务节点对应的工期, 第 2 列至第 4 列表示各任务节点对应 3 种不同类型的可更新资源的所需资源量, 第 5 列表示各任务节点的后续节点数, 第 6 列至第 8 列表示各任务节点的后续节点。Patterson 问题集虽然过去被广泛使用, 但这 110 个问题不能有效代表项目调度的各种可能性, 逐渐被 PSPLIB 标准问题库所取代。

表 3.2 Patterson 问题集中问题个数分布

任务节点数	7	8	9	13	14	18	22	23	27	35	51
问题个数	1	2	2	1	1	1	46	1	43	2	10

14		3					
2	1	2					
0	0	0	0	3	2	3	4
6	1	0	0	2	9	10	
4	0	0	0	3	5	6	7
3	0	0	0	2	8	11	
1	0	0	0	1	10		
6	1	0	1	1	12		
2	1	0	0	2	8	11	
1	0	0	0	1	13		
4	0	1	1	1	14		
3	0	0	1	1	12		
2	0	0	1	1	12		
3	0	1	0	1	13		
5	0	0	0	1	14		
0	0	0	0	0			

图 3.8 Patterson 问题集中 Pat1 问题

2. PSPLIB 标准问题库

PSPLIB 标准问题库 (project scheduling problem library)[①] 是由 Kolisch 等 (1992, 1995) 采用实验设计的方法设计了一套软件 ProGen, 通过设置项目调度问题的参数, 由软件产生符合参数要求的具有不同目标的调度问题。Schwindt (1995, 1996, 1998) 在此基础上, 对 ProGen 进行扩展, 为适应新模型扩展的需要, 增加了对部分可更新资源、倒换时间、模式一致性以及模式一致性集合等概念的支持, 开发了一款新软件

---

① http://www.omdb.wi.tum.de/psplib/main.html.

ProGen/Max，从而形成 PSPLIB 标准问题库。该标准问题库包含 5 种不同类型问题及其解决方案：资源受限项目调度问题（resource constrained project scheduling problem，RCPSP）问题集、最小最大时间滞后资源受限项目调度问题（resource constrained project scheduling problem with minimal and maximum time lags，RCPSP/ Max）问题集、多模式资源受限项目调度问题（multi-mode resource constrained project scheduling problem，MRCPSP）问题集、最小最大时间滞后多模式资源受限项目调度问题（multi-mode resource constrained project scheduling problem with minimal and maximum time lags，MRCPSP/Max）问题集和最小最大时间滞后资源投资问题（resource investment problem with minimal and maximum time lags，RIP/Max）问题集[①]。

　　PSPLIB 问题库中问题集的相关情况见表 3.3。其中，RCPSP 问题集中包含任务节点数分别为 30、60、90 和 120 的 4 个子问题集 j30、j60、j90 和 j120，涉及 4 种可更新资源，一共含有 2040 个项目调度问题。MRCPSP 问题集中包含字母开头为 c、j、m、n 和 r 五组子问题集，其中 c 开头的问题集包含 c15 和 c21 两个子问题集，涉及 2 种可更新资源和 2 种不可更新资源，任务节点数都为 16，执行模式都为 3。j 开头的问题集包含任务节点数分别为 10、12、14、16、18、20 和 30 的 7 个子问题集 j10、j12、j14、j16、j18、j20 和 j30，涉及 2 种可更新资源和 2 种不可更新资源，3 种执行模式。m 开头的问题集包含执行模式分别为 1、2、4 和 5 的 4 个子问题集 m1、m2、m4 和 m5，涉及 2 种可更新资源和 2 种不可更新资源，任务节点数为 16。n 开头的问题集包含不可更新资源数分别为 0、1 和 3 的 3 个子问题集 n0、n1 和 n3，执行模式都为 3，可更新资源数都为 2。r 开头的问题集包含可更新资源数分别为 1、3、4 和 5 的 4 个子问题集 r1、r3、r4 和 r5，执行模式都为 3，不可更新资源数都为 2。RCPSP/Max 问题集包含 cd、ubo 和 Weglarz（1999）3 类子问题集，其中 cd 问题集包含任务节点数为 100，资源数为 5 的 1080 个子问题；ubo 问题集则包含任务节点数分别为 10、20、50、100、200、500 和 1000 的 7 个子问题集 testset-ubo10、testset-ubo20、testset-ubo50、testset-ubo100、testset-ubo200、testset-ubo500 和 testset- ubo1000，每个子问题集都含有 90 个问题，涉及 5 种资源；Weglarz（1999）问题集包含任务节点数分别为 10、20 和 30 的 3 个子问题集 sm-j10、sm-j20 和 sm-j30。MRCPSP/Max 问题集包含 mm 和 Weglarz（1999）两类子问题集，其中 mm 问题集包含任务节点数分别为 30、50 和 100 的 3 个子问题集 testset-mm30、testset-mm50 和 testset-mm100；而 Weglarz（1999）问题集包含任务节点数分别为 10、20 和 30 的子问题集 mm-j10、mm-j20 和 mm-j30，含有 2 或 3 或 5 个执行模式，涉及 5 种可更新资源和 2 种不可更新资源。RIP/Max 问题集也是来自 Weglarz（1999）中问题集，包含任务节点数分别为 10、20 和 30 的子问题集 rip-j10、rip-j20 和 rip-j30，都涉及 1 或 3 或 5 个可更新资源。此外，这些问题集中间

　　① RCPSP 问题集和 MRCPSP 问题集可直接在 PSPLIB 标准问题库的网站上下载。RCPSP/Max 问题集、MRCPSP/Max 问题集和 RIP/Max 问题集下载网址：http://www.wiwi.tu-clausthal.de/de/abteilungen/produktion/forschung/schwerpunkte/project-generator。

题的表现形式在下载文件中有详细说明，在此不一一阐述。

表 3.3　PSPLIB 问题库中问题集情况一览表

问题集	问题总数	子问题集		个数	任务节点数（不含首尾虚拟节点）	执行模式	可更新资源数量	不可更新资源数量
RCPSP	2040	j	j30	480	30	1	4	0
			j60	480	60	1	4	0
			j90	480	90	1	4	0
			j120	600	120	1	4	0
MRCPSP	11182	c	c15	551	16	3	2	2
			c21	552	16	3	2	2
		j	j10	536	10	3	2	2
			j12	547	12	3	2	2
			j14	551	14	3	2	2
			j16	550	16	3	2	2
			j18	552	18	3	2	2
			j20	554	20	3	2	2
			j30	640	30	3	2	2
		m	m1	640	16	1	2	2
			m2	481	16	2	2	2
			m4	555	16	4	2	2
			m5	558	16	5	2	2
		n	n0	470	10	3	2	0
			n1	637	16	3	2	1
			n3	600	16	3	2	3
		r	r1	553	16	3	1	2
			r3	557	16	3	3	2
			r4	552	16	3	4	2
			r5	546	16	3	5	2
RCPSP /Max	2520	cd	TESTETCD	1080	100	1	5	0
		ubo	testset-ubo10	90	10	1	5	0
			testset-ubo20	90	20	1	5	0
			testset-ubo50	90	50	1	5	0
			testset-ubo100	90	100	1	5	0
			testset-ubo200	90	200	1	5	0
			testset-ubo500	90	500	1	5	0
			testset-ubo1000	90	1000	1	5	0
		Weglarz（1999）	sm-j10	270	10	1	5	0
			sm-j20	270	20	1	5	0
			sm-j30	270	30	1	5	0

续表

问题集	问题总数	子问题集		个数	任务节点数（不含首尾虚拟节点）	执行模式	可更新资源数量	不可更新资源数量
MRCPSP/Max	1620	mm	testset-mm30	270	30	3/4/5	3	3
			testset-mm50	270	50	3/4/5	3	3
			testset-mm100	270	100	3/4/5	3	3
		Weglarz（1999）	mm-j10	270	10	2/3/5	5	2
			mm-j20	270	20	2/3/5	5	2
			mm-j30	270	30	2/3/5	5	2
RIP/Max	810	Weglarz（1999）	rip-j10	270	10	1	1/3/5	0
			rip-20	270	20	1	1/3/5	0
			rip-30	270	30	1	1/3/5	0

3. RCMPSPLIB 标准问题库

RCMPSPLIB 标准问题库（resource constrained multi-project scheduling problem library）[①]是由 Pérez 等（2015，2016）创建的一个开放问题库。该问题库共包含 27 个问题及解决方案（见表 3.4）。第一列表示问题的名称，第 2 列表示该问题含有项目的数量和每个项目含有的任务节点数量（例如，20×10 表示该问题含有 10 个项目，每个项目含有 20 个任务节点），第 3 列表示该问题的来源，第 4 列表示目标函数为最短工期，第 5 列表示第 4 列的最后更新日期，第 6 列表示目标函数为最小化平均延迟时间，第 7 列表示第 6 列的最后更新日期。MP-MD1～MP-MD5 这 5 个问题是由 Pérez 等（2016）构建的项目数和任务节点数均为 10 的多项目问题，问题 Kotawi 是 Kotawi 等（2006）构建的一个含有 10 个项目且各项目含有 20 个任务节点的多项目问题。HHH-3（1.6）至 HHH+3（1.6）问题是由 Browning 和 Yassine（2010）的 RCMPSP 问题集生成器生成的 7 个含有 3 个项目且各项目含有 20 个任务节点的多项目问题，设置的 NARLF 期望值分别为-3、-2、-1、0、+1、+2 和+3，MAUF 期望值为 1.6。mpj30a2～mpj120a3 问题是由 PSPLIB 问题库中的 RCPSP 单项目构成的多项目问题。举例说明，mpj90a5 问题是由 PSPLIB 中 RCPSP 问题集中子问题集 J90 中的 J21_5,J32_8,J33_4,J36_2 和 J44_1 这 5 个问题组成的多项目问题。

表 3.4　RCMPSPLIB 问题库中问题集情况一览表

问题	任务节点数×项目数	问题来源	目标函数			
			最短工期	最后更新日期	最小化平均延迟时间	最后更新日期
MP-MD1	10×10	RCMPSPLIB	1332	2010/10	0.814	2011/02
MP-MD2	10×10		1308	2010/10	0.683	2011/02
MP-MD3	10×10		1194	2010/10	0.817	2011/02
MP-MD4	10×10		1220	2010/10	0.811	2011/02

---

① https://www.eii.uva.es/elena/RCMPSPLIB.htm.

续表

问题	任务节点数×项目数	问题来源	目标函数			
			最短工期	最后更新日期	最小化平均延迟时间	最后更新日期
MP-MD5	10×10		1186	2010/10	0.907	2011/02
Kotawi	20×10		131	2010/10		
HHH-3（1.6）	20×3		29	2010/10	0.423	2011/02
HHH-2（1.6）	20×3		29	2010/10	0.334	2011/02
HHH-1（1.6）	20×3	Browning 和 Yassine(2010) 的 RCMPSP 问题集生成器	29	2010/10	0.336	2011/02
HHH-0（1.6）	20×3		29	2010/10	0.315	2011/02
HHH+1（1.6）	20×3		31	2010/10	0.401	2011/02
HHH+2（1.6）	20×3		29	2010/10	0.352	2011/02
HHH+3（1.6）	20×3		49	2010/10	0.419	2011/02
mpj30a2	30×2	j30 15_5 PSPLIB	113	2011/02	0.616	2011/02
mpj30a4	30×4	j30 13_1 PSPLIB	228	2011/02	3.860	2011/02
mpj30a6	30×6	j30 44_3 PSPLIB	153	2011/02	0.667	2011/02
mpj30a10	30×10	j30 14_6 PSPLIB	313	2011/02	5.391	2011/02
mpj60a2	60×2	J60 1_7 PSPLIB	117	2011/02	0.825	2011/02
mpj60a3	60×3	J60 13_7 PSPLIB	276	2011/02	2.765	2011/02
mpj60a4	60×4	J60 9_1 PSPLIB	356	2011/02	3.246	2011/02
mpj60a5	60×5	J60 19_6 PSPLIB	149	2011/02	0.821	2011/02
mpj90a2	90×2	J90 24_8 PSPLIB	90	2011/02	0.0114	2011/02
mpj90a3	90×3	J90 9_4 PSPLIB	390	2011/02	2.580	2011/02
mpj90a4	90×4	J90 45_10 PSPLIB	698	2011/02	4.506	2011/02
mpj90a5	90×5	J90 21_5, 32_8, 33_4, 36_2, 44_1 PSPLIB	114	2011/02	0.101	2011/02
mpj120a2	120×2	J1 2026_2 PSPLIB	181	2011/02	0.915	2011/02
mpj120a3	120×3	J1 2026_2 PSPLIB	511	2011/02	2.900	2011/02

3.2　测试问题集选取一般流程及问题集构建方法有效性分析

3.2.1　测试问题集选取一般流程及问题集构建方法

项目调度中测试问题集选取的一般流程如下（见图3.9）。

步骤1：根据需测试 PSP 确定项目的个数，判断其是单项目 PSP 还是多项目 PSP。若为单项目 PSP，则转步骤2；反之，若为多项目 PSP，则转步骤3。

步骤2：在确定需测试 PSP 是单项目 PSP 后，判断 PSP 的类型：单模式 PSP 或多模式 PSP。若为单模式 PSP，则转步骤4；反之，若为多模式 PSP，则转步骤5。

步骤3：在确定需测试 PSP 是多项目 PSP 后，判断所需测试问题集是否能从 RCMPSPLIB 中选择合适的问题集。若能，则转步骤6；反之，则转步骤12。

步骤4：在确定需测试 PSP 是单模式、单项目 PSP 后，判断所需测试问题集是否能直接采用现成问题集（Patterson 问题集或 PSPLIB 标准问题库中相应问题集），若能，则转步骤 7；若不能，则转步骤 8。

　　步骤 5：在确定需测试 PSP 是单项目、多模式 PSP 后，判断所需测试问题集是否能直接采用 PSPLIB 问题库中相应问题集，若能，则转步骤 9；若不能，则转步骤 10。

　　步骤 6：从 RCMPSPLIB 中选择满足相关要求的多项目调度问题的测试问题集。

　　步骤 7：在 Patterson 问题集或 PSPLIB 标准问题库中选用相应问题集。

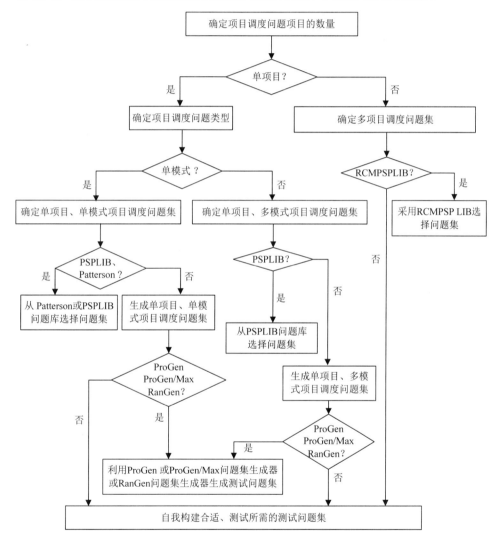

图 3.9　项目调度中测试问题集选取流程图

　　步骤 8：问题集是否能直接用 ProGen、ProGen/Max、RanGen 问题集生成器生成，若能，则转步骤 11；若不能，则转步骤 12。

　　步骤 9：在 PSPLIB 标准问题库中选用问题集。

　　步骤 10：问题集是否能直接采用 ProGen、ProGen/Max 或 RanGen 问题集生成器生成问题集，若能，则转步骤 11；若不能，则转步骤 12。

步骤 11：根据需求，利用 ProGen、ProGen/Max 问题集生成器或 RanGen 问题集生成器生成满足相关要求的单项目 PSP 的测试问题集。

步骤 12：根据需求，构建合适的、满足要求的测试问题集。

在测试问题集选取的一般流程中发现：当不能从现有国际上常用问题库中选用合适问题集时，或不能采用常用问题集生成器生成合适问题集时，就需要构建合适、满足测试需求的问题集。通常，构建测试问题集一般分两步：第一步，根据需求构建问题集的网络结构（包括大小、形状、复杂度等）；第二步，根据需求构建其他参数（可用资源量、资源需求量等）。

3.2.2　问题集构建方法的有效性分析

以 Deblaere 等（2011）、Tian 等（2013）采用的测试问题集来说明测试问题集选取流程与测试问题集构建方法的有效性。

Deblaere 等（2011）研究 MRCPSP 的反应式调度算法，本书选用 PSPLIB 标准问题库中 MRCPSP 子问题库中的问题集作为测试问题集。下面根据测试问题集选取的一般流程进行分析。

步骤 1：判断研究的问题属于单项目 PSP，转步骤 2。

步骤 2：判断其为多模式 PSP，转步骤 5。

步骤 5：判断可以直接从 PSPLIB 标准问题库中选取合适问题集，转步骤 9。

步骤 9：选用 PSPLIB 标准问题库中 MRCPSP 子问题库中的问题集。

Tian 等（2013）为了进行离散时间/资源权衡问题中调度策略比较研究，构建了 DTRTP 问题集。下面根据测试问题集选取的一般流程进行分析。

步骤 1：判断研究的问题属于单项目 PSP，转步骤 2。

步骤 2：由于 DTRTP 是 MRCPSP 子问题，判断其为多模式 PSP，转步骤 5。

步骤 5：判断不能直接从 PSPLIB 标准问题库中 MRCPSP 子问题库中选取合适问题集（虽然 DTRTP 是 MRCPSP 子问题，但 DTRTP 区别于 MRCPSP 有两个方面：DTRTP 仅含有一种可更新资源，而 MRCPSP 问题集中的问题至少含有 2 种资源；MRCPSP 中任务的执行模式数以及在此执行模式下任务工期和所需资源量都是已知的，而 DTRTP 仅已知工作量，需要由工作量转化成工期和所需资源量，并计算相应模式数），转步骤 10。

步骤 10：同理不能直接采用 ProGen、ProGen/Max 问题集生成器或 RanGen 问题集生成器生成问题集，转步骤 12。

步骤 12：需根据需求构建合适的、满足要求的测试问题集。Tian 等（2013）首先选用 PSPLIB 标准问题库中 MRCPSP 子问题库中任务节点为 10 的网络结构作为测试 DTRTP 问题集的网络结构；然后，DTRTP 工作量的均值及方差分别来自[10,50]和[1,5]均匀分布；最后，由于需要比较可用资源量的影响，选取可用资源量为 10、15 和 20

的 3 种不同层次的可用资源量,这就意味着会生成可用资源量分别为 10、15 和 20 的 3 类测试问题集。

通过对 Deblaere（2011）和 Tian 等（2013）两篇学术论文中所采用的测试问题集的分析,说明本章提出的测试问题集选取一般流程与测试问题集构建方法是有效的,该方法可以广泛应用于项目调度问题中测试问题集的选取与构建。这不仅为今后项目调度问题中进行算法测试所需问题集的选取及构建提供了一种思路,而且对采用的测试问题集起到一定的规范作用。

3.3　离散时间/资源权衡问题测试问题集的生成

按照 3.2 节构建测试问题集的步骤来构建 DTRTP 问题集:第一步,构建 DTRTP 问题集的网络结构,涉及任务节点数多少和网络复杂度;第二步,设置 DTRTP 问题集的其他特征参数,涉及可用资源量多少和各任务所需工作量大小(田文迪等,2014)。

3.3.1　网络结构

RanGen 生成的问题集大都适用于 RCPSP 问题,然而 DTRTP 问题属于 RCPSP 问题的分支之一,特殊之处在于 DTRTP 问题只涉及一种可再生资源,因此我们选用 RanGen 中 RanGen1 问题集生成器构建 DTRTP 问题集的网络结构(见图 3.1)。RanGen1 问题集生成器一共包含 4 个选项卡:"Max#Networks"、"Input Parameters"、"Resource Related Measures" 和 "Morphological Measures"。其中,"Max#Networks" 选项卡包含 "Timelimit"(表示限制生成问题集的时间)和 "Maximum number of generated networks"(表示限制生成问题的个数)2 个选项,任选其一即可,见图 3.2。本文假设时间不限,网络结构每次最多生成 1000 个。"Input Parameters" 选项卡包含 "Number of activities" 选项卡(表示调度问题任务节点数 n,不包含首尾 2 个虚拟节点)和 "OS value"(表示排序强度 OS)2 个选项,见图 3.3,此处设置的任务节点数分别为 10、15 和 20(不包含首尾 2 个虚拟节点),排序强度分别为 0、0.25、0.5、0.75 和 1。"Resource Related Measures" 选项卡包含 "Number of resources"(表示资源类型数)、"Resource request measures"(表示资源要求量)和 "Resource demand measures"(表示资源需求量)3 个选项,由于采用 RanGen1 仅需构建 DTRTP 问题集的网络结构,因此,需要设置资源类型数为 1,另外 2 个设置资源窗口和 "Morphological Measures" 窗口可以不用考虑。所有参数设置好后单击 Generate 按钮,运行 RanGen1,得到相应的问题集。对于不同排序强度和任务节点的 DTRTP 问题集网络结构数目(network number,NN)见表 3.5。其中所得到问题的详细情况以 $n=10$, OS=0.25 为例,其表现形式见图 3.10。

表 3.5　DTRTP 问题集网络结构数目

n	OS				
	0	0.25	0.5	0.75	1
	NN				
20	1	1000	1000	1000	1
15	1	1000	1000	1000	1
10	1	856	996	943	1

图 3.10 第 1 行的 12 和 1 分别表示该问题含有 12 个任务节点（包括首尾两个虚拟节点），涉及 1 种可更新资源；第 2 行中的 10 表示可用资源量为 10；第 3 行至第 14 行表示该问题所对应的网络结构，其中第 1 列和第 2 列分别表示各任务节点所需时间以及对应所需资源数；第 3 列表示各任务节点的后续节点数，第 4 列至第 6 列表示各任务节点的后续节点，此处构建 DTRTP 问题，第 1 列和第 2 列可直接去掉，仅保留第 3 列至第 6 列，见图 3.11。

12	1				
10					
0	0	3	2	3	4
7	10	3	11	7	5
8	10	2	8	5	
4	10	1	6		
3	10	1	12		
2	10	1	12		
4	10	1	12		
3	10	1	12		
7	10	1	12		
9	10	1	12		
3	10	1	12		
0	0	0			

图 3.10　问题集中的 part1 问题

12	1		
10			
3	2	3	4
3	11	7	5
2	8	5	
1	6		
1	12		
1	12		
1	12		
1	12		
1	12		
1	12		
1	12		
0			

图 3.11　问题集中 part1 问题的网络结构

3.3.2　工作量及可用资源量的设置

DTRTP 问题只涉及一种可更新资源（如劳动力）。在工作量一定时，任务工期是资源可用量的非递增离散函数，即分配给某个任务的资源越多，它所需工期就越短。在本文中，我们考虑项目任务是由工作量 W_i 决定的，可表示为 $r_{im} \times d_{im}$，且 $r_{im} \times d_{im} \geqslant W_i$。当然，在实际项目调度中，工作量的完成常常会受到工人缺勤、机器故障等一些偶发性因素的影响，我们暂且不考虑这些偶发性因素。工作量及资源可用量的参数设置仅根据实验需要进行设置。在此，相关参数设置为：工作量 W_i 设置服从步长为 1 的均匀分布[10,50]，而资源可用量 a 则设置为 10、15 和 20。

3.3.3　DTRTP 问题集

综合 3.3.2 节和 3.3.3 节部分的内容，我们得到 DTRTP 问题集，该问题集特征参数见表 3.6。

表 3.6　DTRTP 问题集特征参数表

DTRTP 问题集特征参数	参数值	DTRTP 问题集特征参数	参数值
任务节点数 n（不含首尾两个虚拟节点）	10、15、20	可更新资源种类数 R	1
排序强度 OS	0.25、0.5、0.75	工作量 W	[10、50]
后续节点数	≤5	可用资源量 a	10、15、20

在图 3.11 的基础上，添加工作量 W，修改可用资源量，并限制网络结构中的后续节点数，即生成标准 DTRTP 问题算例，其表现形式见图 3.12。第 1 行中的 12 和 1 分别表示有 12 个任务节点（包含首尾两个虚拟节点）和 1 种可更新资源；第 2 行中的 15 代表可用资源量；第 3～14 行反映各任务节点的工作量和网络结构，其中第 1 列表示完成各任务所需的工作量，第 2 列表示各任务节点的后续节点个数，第 3 列至第 5 列表示后续节点（例如，第 3 行第 2 列的 3 表示虚拟首任务后续有 3 个任务节点，分别为 2、3、4）。

12	1			
15				
0	3	2	3	4
10	3	11	7	5
17	2	8	5	
33	1	6		
24	1	12		
42	1	12		
16	1	12		
38	1	12		
22	1	12		
13	1	12		
15	1	12		
0	0			

图 3.12　DTRTP 问题算例表现形式

由此,一共生成 27 个子问题集(例如,子问题集 12-0.25-15 表示该问题集中所有算例的任务节点为 12,排序强度为 0.25 和可用资源量为 15),每个子问题包含 100 个算例(表 3.5 显示生成大量网络结构,从中选取 100 个后续节点数小于或等于 5 的网络结构),那么一共包含 27×100 = 2700 个算例。

3.4 特征参数对离散时间/资源权衡问题求解的影响分析

为了分析工作量、可用资源量以及网络结构这 3 个方面对 DTRTP 问题求解的影响,采用 Demeulemeester 等(2000)提出的分支定界法对生成的 2700 个算例在运行配置为 Inter Pentium/1.20 GHz/1.54GB 的计算机上进行测试(田文迪等,2019)。通过平均计算时间(average computation time,AT)和求解最优解数量(number of problems solved to optimality,NO)两个指标来分析特征参数对问题求解的影响和难易程度。其中,平均计算时间 AT 表示计算一组问题集所需要的平均时间,$AT = \dfrac{T}{7h}$ [T 表示计算一组问题集所需总时间,h 表示一组问题集含有算例的数量,7 表示采用 Demeulemeester 等(2000)文章中的 7 种模式:模式 1~模式 6 和没有数量限制的模式];求解最优解数量表示求解一组问题集能获得最优解的数量 NO,$NO = \sum\limits_{i=1}^{7h} j, j = \begin{cases} 1, & \text{最优解} \\ 0, & \text{不是最优解} \end{cases}$(田文迪等,2019)。

3.4.1 工作量的影响

在 3.3 节中,工作量 W_i 设置为 10~50 的均匀分布,可用资源量 a 分别为 10、15 和 20,根据 DTRTP 问题定义,采用枚举法计算工作量对应的有效执行模式数量。例如,当工作量 $W_i = 10$,$a = 10$ 时,根据定义 $r_{im} \times d_{im} \geqslant W_i$ 计算出有效执行模式数量 m 有 6 个,分别为<1,10>,<2,5>,<3,4>,<4,3>,<5,2>,<10,1>。工作量-有效执行模式数量关系图如图 3.13 所示(工作量对应有效执行模式见附录 C),图中曲线分别对应可用资源量 10、

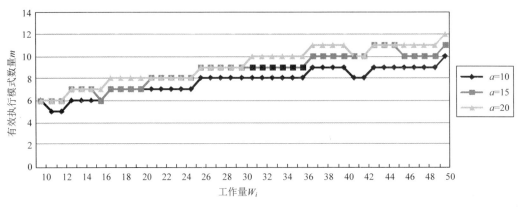

图 3.13　工作量-有效执行模式数量关系图

15 和 20。如图显示,对于每条曲线有效执行模式的数量随着工作量的增加而缓慢增加,局部有所减少。因此,可以归纳以下结论:当资源可用量一定时,有效执行模式数量随着工作量的增加整体上呈缓慢增加趋势,但局部有所下降。

3.4.2　可用资源量的影响

如图 3.13 所示,黑线、深灰线、浅灰线分别表示 $a=10$、15、20 时,对应执行模式数量的变化。很明显,黑线走势最低,浅灰线走势最高。此外,3 条线在局部存在两两重叠,但总体而言是可用资源量越多,执行模式的数量相对会越多。

对 3.3 节构建的 27 个测试问题集中算例进行求解,得到对应的平均计算时间和求解最优解数量见表 3.7。表中第 3 行第 3 列 0.006 表示求解测试问题集 10-0.25-10 算例所需的平均计算时间,第 3 行第 6 列 700 表示求解测试问题集 10-0.25-10 算例得到最优解的数量(10-0.25-10 测试问题集有 100 个算例,对于每个算例考虑 7 种模式,一共求解 700 次)。表 3.7 显示,可用资源量对于问题求解没有呈单一趋势。对于任务节点数为 10,可用资源量 10、15 和 20 对应的平均计算时间的平均值分别为 0.0023、0.0013 和 0.0033,其值随着可用资源量的增加先下降再上升;当任务节点数为 15 和 20 时,同样有此结论。据此可得出结论,求解 DTRTP 问题所需时间随着可用资源量的增加先下降再上升。当任务节点为 10 时,所有算例都能求解到最优解;当任务节点为 15 时,求解最优解数量的平均值基本相等;当任务节点为 20 时,求解最优解数量的平均值随着可用资源量的增加趋于增加趋势,但趋势不是很明显。

表 3.7　求解各测试问题集算例所需平均计算时间和求解最优解数量

任务节点数(不包含首尾虚拟节点) n	OS	平均计算时间 AT			求解最优解数量 NO		
		$a=10$	$a=15$	$a=20$	$a=10$	$a=15$	$a=20$
10	OS=0.25	0.006	0.003	0.009	700	700	700
	OS=0.50	0.001	0.001	0.001	700	700	700
	OS=0.75	0.000	0.000	0.000	700	700	700
	平均值	0.0023	0.0013	0.0033	700	700	700
15	OS=0.25	0.293	0.341	0.447	688	685	685
	OS=0.50	0.134	0.078	0.073	698	700	700
	OS=0.75	0.007	0.009	0.021	700	700	700
	平均值	0.1447	0.1427	0.1803	695	695	695
20	OS=0.25	1.226	1.077	1.540	641	644	636
	OS=0.50	0.763	0.672	0.589	661	667	676
	OS=0.75	0.208	0.212	0.207	693	693	696
	平均值	0.7323	0.6537	0.7783	665	668	669

3.4.3　网络结构的影响

下面从任务节点数和排序强度两个方面分析网络结构对 DTRTP 问题求解的影响。

1. 任务节点的影响

DTRTP 问题有成千上万种有效的模式组合，其组合模式个数为 $O(|M|^n)$，其中 $|M|$ 表示各任务节点可能存在的模式数，而 n 表示任务节点数。不难看出 n 越大，组合模式数量越多，那么其求解所需时间越长。

图 3.14 反映的是任务节点数 n 与平均计算时间 AT、求解最优解数量 NO 之间的关系图，图中可以明显看出求解 DTRTP 问题的平均计算时间随着任务节点数增加而增加，求解最优解数量随着任务节点数增加而减少。

此外，表 3.7 显示，当可用资源量 $a=10$ 和排序强度 OS $=0.25$ 时，任务节点数为 10、15 和 20 所对应的平均计算时间分别为 0.006、0.293 和 1.226，求解最优解数量分别为 700、688 和 641。由此可见，DTRTP 问题平均计算时间随着任务节点数增加而明显增加，求解最优解数量随着任务节点数增加而显著减少。对于其他可用资源量和排序强度，可以得到同样结论。

平均计算时间和求解最优解数量是衡量 DTRTP 问题求解难易程度的两个基本指标，因此，可以得出以下结论：任务节点数 n 越小，DTRTP 问题求解越易；反之，任务节点数 n 越大，DTRTP 问题求解越难。该结论已被 Demeulemeester 等（2000）证明。

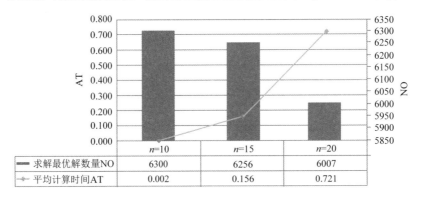

	$n=10$	$n=15$	$n=20$
▬ 求解最优解数量NO	6300	6256	6007
→- 平均计算时间AT	0.002	0.156	0.721

图 3.14　任务节点数与平均计算时间、求解最优解数量关系图

2. 排序强度的影响

排序强度 OS（Mastor, 1970）反映网络结构的复杂度，其值是网络结构中实际紧前关系数除以理论上最大紧前关系数（不包含虚拟节点），其中最大紧前关系数为 $\dfrac{n(n-2)}{2}$。OS 的取值范围为 $(0,1)$，显然，OS 越大，表示网络中存在紧前关系约束越多，已被证明是衡量网络结构复杂度较好的度量方式（De Reyck et al., 1998）。

图 3.15 和图 3.16 分别反映排序强度 OS 与平均计算时间 AT 和求解最优解数量 NO 之间的关系图。不论任务节点数多少，平均计算时间都随着排序强度的增加而显著减

少，如图 3.15 所示。求解最优解数量也都随着排序强度的增加而显著增多，如图 3.16
所示。

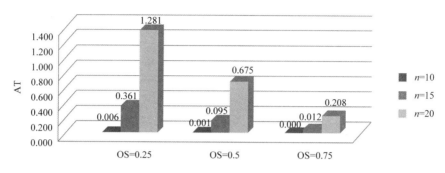

图 3.15　排序强度与平均计算时间关系图

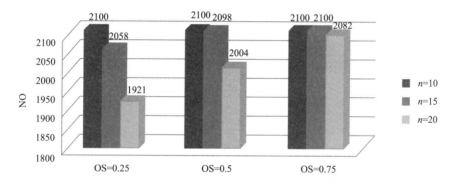

图 3.16　排序强度与求解最优解数量关系图

此外，表 3.7 显示，当任务节点数 $n=10$ 和可用资源量 $a=10$ 时，排序强度为 0.25、
0.5 和 0.75 所对应的平均计算时间分别为 0.006、0.001 和 0.000，求解最优解数量分别
为 700、700 和 700。由此可见，DTRTP 问题平均计算时间随着任务节点数增加而明显
增加；由于任务节点数较小，所有算例都能求得最优解。对于其他任务节点数和可用
资源量，都可以得到同样结论：平均计算时间随着任务节点数增加而显著增加。当任
务节点数为 15 和 20 时，在相同可用资源量情况下，求解最优解数量随着排序强度的
增加而明显增多。

综上所述，得出以下结论：排序强度 OS 越小，DTRTP 问题求解越易；反之，排
序强度 OS 越大，DTRTP 问题求解越难。该结论已被 Demeulemeester 等（2000）证明。

3.5　本 章 小 结

本章简要介绍了项目调度问题集的研究现状，并详细介绍了国际上常用的两款用
于生成问题集的软件（单项目调度问题集生成器 RanGen 和多项目调度问题集生成器
RCMPSP），3 套标准问题库（Patterson、PSPLIB 和 RCMPSPLIB）；其次，针对项目调

度问题提出测试问题集选取一般流程及问题集构建方法，并对构建方法进行有效性分析；通过 RanGen1 问题集生成器构建 DTRTP 问题集的网络结构，并设置问题集的相关特征参数，生成 DTRTP 问题的测试问题集；分析各特征参数对问题求解的影响，实验结果显示，任务节点数越大（n 越大），排序强度越低（OS 越小），DTRTP 问题求解难度越大；可用资源量对于 DTRTP 问题的求解没有明显单一影响。有效执行模式数量随着工作量的增加整体上呈缓慢增加趋势，但个别局部有所下降。

第4章　基于插入时间缓冲法或优先级的时刻表策略与接力赛策略比较研究

针对工作量不确定环境下的离散时间/资源权衡问题，在实际调度过程中需要确定按照某种调度策略来进行。本章首先介绍两大基本调度策略，也就是日常生活中常常用到的时刻表策略和接力赛策略，随后回顾插入时间缓冲法的研究现状，并提出一种插入时间缓冲的方法，最后进行插入时间缓冲和优先级的调度策略仿真试验，对其策略进行比较分析。

4.1　两大基本调度策略——接力赛策略与时刻表策略

在制定调度计划后，项目需要按照项目调度计划执行。通常在执行过程中，可能采用不同的混合调度策略。我们不难发现两类基本的调度策略：接力赛策略和时刻表策略。接力赛策略使用比较普遍，通常，项目将自身特点嵌套到此策略当中执行，其中以基于优先级的接力赛策略最为常见。时刻表策略是与接力赛策略相对应的一种基本策略，在火车、列车等交通运输调度中比较常见。

（1）接力赛策略（roadrunner scheduling，RR）：也被称为接力调度策略（relay racer behavior）。这种称法最早由 Goldratt（1997）提出，在关键链/缓冲管理中时常应用到。项目的任务，在满足其紧前任务已完成并且有足够资源开始的情况下，应该赶紧开始执行项目。这个策略的实施是为了能尽快完成项目，从而缩短项目工期。

（2）时刻表策略（railway scheduling，RW）：这个策略来源于列车时刻表。通常，火车必须按照列车时刻表发车，不能早于列车时刻表。时刻表策略要求项目各任务不能在任务计划时刻之前开始。这个策略是为了降低项目惩罚成本，从而增强项目计划的鲁棒性。

4.2　插入时间缓冲法研究现状

插入时间缓冲法最早是由 Goldratt（1997）提出的，他将约束理论（theory of constraints）应用到项目管理中，从而形成关键链/缓冲管理（critical chain scheduling/buffer management，CC/BM），代替传统的关键路径法（critical path，CP），不仅考虑任务的前后相依，而且还考虑资源约束关系。它认为确定项目工期的是既考虑紧前关系又考虑资源约束的最长的那条链，即关键链。在原始基准调度计划中插入时间缓冲，其目的是为了保证项目的按时完工。CC/BM 既可以看作质的鲁棒性，又可以看作解的鲁棒性。其中，在非关键链与关键链交汇处插入接驳缓冲（feeding buffer，FB）来吸收项目中的不确定性因素以保护关键链，保证项目基准调度计划的稳健（解的鲁棒性）；在关键链末端插入项目缓冲区（project buffer，PB），从全局的角度保证项目按期完工（质的鲁棒性）。此方法已成为项目计划、实施与控制的有效管理方法，被人们广泛应用，也是国内外研究的热点问题。Herroelen 等（2001）就 CC/BM 的优缺点进行了详细评述。

随后，有许多专家学者对缓冲应用和缓冲区大小进行了大量研究。关于缓冲应用研究的文献可参见 Yuan 等（2003）、Umble 等（2006）、Wu 等（2010）、Reyes 等（2016）。

关于缓冲区大小研究，其中最常用的是 Goldratt（1997）提出的剪切法和 Newbold（1998）提出的根方差法。剪切法又称 1/2 法，将任务被剪掉的安全时间总和的一半作为相对应链路的缓冲，这种方法简单易行，但是很容易造成缓冲区过大或过小（Tukel et al.，2006）。根方差法将链上任务工期不确定性的平方和的平方根作为缓冲大小，比剪切法更为有效，但是它假设各任务的时间参数估计是相互独立，这在现实中是不合理的，并且对于较长的链容易生成过小的缓冲。

针对两种基本方法，大量专家学者提出了改进缓冲大小的计算方法，下面分别从国内外的研究现状介绍缓冲设置方法。

国外，Tukel 等（2006）提出了根据资源紧张度和网络密度来确定接驳缓冲大小的两种方法，并通过大规模仿真验证该方法在项目不确定性较低时尤其有效。Zhao 等（2010）和 Ma 等（2012）在考虑资源紧张度和网络复杂度基础上，融入管理者的风险偏好计算接驳缓冲大小。Fallah 等（2010）和 Gonzalez 等（2013）也提出运用模糊理论和仿真优化的方法估计缓冲大小。Bie 等（2012）在分析实际中任务工期具有相关性的情况下，提出了任务工期受共同风险因素影响而具有相关性的缓冲大小计算方法。Farag（2014）专门针对建筑工程项目，考虑在不确定性水平及活动特征的基础上提出了基于模糊逻辑的缓冲量化算法。Iranmanesh 等（2015）根据受限资源的密度因子、任务在网络中的位置、环境风险以及任务风险，提出改进的缓冲大小计算方法。Zhang 等（2014）基于资源的利用效率及成本指数来定义项目的资源约束，考虑任务工期比例、任务开始时间的灵活性以及任务成本指数来确定网络复杂度，在此基础上运用属性优化的方法调整项目缓冲大小。Zhang 等（2016）采用设计结构矩阵（design structure matrix，DSM）方法分析项目任务节点之间的信息流及由信息交互带来的返工风险，将信息资源紧张度与实体资源紧张度结合起来提出了"混合资源紧张度"的概念，据此设置项目缓冲大小。

国内，马国丰等（2005）综合考虑资源冲突和不确定因素对项目进度的影响，采用一种定量方法分析资源冲突和计算缓冲区大小。高朋等（2009）、单汩源等（2009）从改善工序作业时间估计的角度讨论了缓冲大小的设置问题。此外，还有学者综合考虑项目网络及资源参数、管理者的风险偏好、工序执行时间及开工柔性等因素，提出修正根方差缓冲设置方法（褚春超，2008；马力等，2008；杨立熙等，2009；曹小琳等，2010）。施骞等（2012）在此基础上进一步研究，提出量化资源紧张度的模糊方法来设置缓冲大小，并考虑用资源的可替代性解决资源紧张问题。胡晨等（2015）基于任务的工期分布，采用 Monte Carlo 模拟估计任务的安全时间，提出了一种综合考虑任务工期风险、资源影响系数和非关键链剩余缓冲等影响因素的关键链缓冲区大小计算方法。刘士新等（2006）考虑项目任务在指定资源分配方式下的自由时差和非关键链路根方差法的较小值分别设置接驳缓冲区。徐小琴等（2007）提出一种改进的接驳缓冲区设置方法，即将非关键链的标准差与非关键链最后一项任务的自由时间进行比较，取最小值为接驳缓冲区的大小，这样可以避免接驳缓冲过大带来不良后果。周阳、丰景春（2008）利用排队论来确定在单资源约束下缓冲区大小，为缓冲区大小确定提供一种新的思想方法。王艺等（2014）将非关键链接入关键链的接入点依据其性质不同进行属性分类，不同接入点采取不同的缓冲计算方法，并将部分项目缓冲前置到关键链中间，从而提出了非关键链上复合接驳缓冲设置方法，以解决接驳缓冲插入后可能引起的冲突问题。王艺和崔南方（2015）为进一步优化接驳缓冲的计算，在根方差法的基础上运用独立时差区分非关键链上的任务，构建了考虑独立时差的接驳缓冲计算和设置方法。

以上缓冲区管理方法都是集中缓冲，Leus（2003）和 Herroelen 等（2004）提出的缓冲设置方法 ADFF（adapted float factor model）将缓冲区分散插入到各任务之间，可被看作分散缓冲管理，经仿真证明该方法在出现干扰较大的情况下能生成比较稳健的、具有鲁棒性的调度计划。Van de Vonder 等（2005）采用 CC/BM、改进 CC/BM 和 ADFF 三种方法研究了质的鲁棒性（工期角度）和解的鲁棒性（鲁棒性惩罚成本角度）的平衡问题，初步探讨集中缓冲（CC/BM 及改进 CC/BM）和分散缓冲（ADFF）。仿真显示，按照这三种方法生成的调度计划执行项目，得到的项目工期相近，但是 ADFF 方法具有相对较低的鲁棒性惩罚成本。此外，项目决策者应对工期和惩罚成本进行权衡，而缓冲区策略的选择应该根据项目及项目基准调度计划而定。随后，Van de Vonder 等（2006）设计 RFDFF（resource flow dependent float factor）算法将时间缓冲分散插入项目基准调度计划中，通过模拟仿真来研究究竟应该采用接驳缓冲和项目缓冲来集中管理从而保护项目计划完工时间，还是应该在基准计划中分散插入安全时间来增强项目鲁棒性。Van de Vonder 等（2008）重点研究鲁棒性调度模型的求解方法，分别将 RFDFF 方法，VADE（virtual activity duration extension）方法，STC（starting time criticality）方法和禁忌搜索算法进行比较研究。通过基于 J30、J60、J120 仿真显示，启发式方法中 STC 方法效果更好一些。STC 方法所获得的解比较接近于禁忌搜索所获得的最优解，但后者较为费时。崔南方等（2014）在关键链断裂情况下采用分散缓冲能增强调度的鲁棒性。崔南方等（2015）对分散缓冲和集中缓冲两种缓冲方法通过不同网络特征的项目进行比较分析，发现追求解鲁棒性的项目适合采用分散缓冲法，而追求质量鲁棒性的项目要依据项目规模、网络复杂度及不确定程度的具体情况选择缓冲方法。

插入时间缓冲法一般是以延长工期为代价来提高鲁棒性的，此方法的好坏很大程度上依赖于时间缓冲区大小设置。

4.3　插入时间缓冲法

4.3.1　关键链的识别

1. 识别关键链和非关键链的启发式算法

为了方便起见，首尾都增加一个虚拟任务节点 $P_0 = 0$ 和 $P_{n+1} = 0$，如图 4.1 所示。

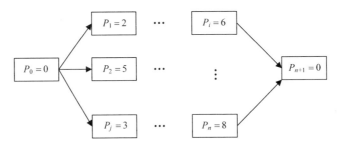

图 4.1　项目任务紧前关系示意图

步骤 1：采用以下启发式算法生成项目的调度计划。

① 在每一次迭代循环中，项目中各任务分别处于以下 4 个任务节点状态集{A=已完成状态集}、{B=正在执行状态集}、{C=候选状态集}和{D=无法执行状态集}。

② 首先，将任务节点状态初始化。首任务节点 P_0 处于候选状态集，即 $P_0 \in C$；其他所有任务节点处于无法执行状态集，即 $P_i \in D, i = 2, \cdots, n, n+1$。任务节点 i 的紧后关系集为 S_i，所有任务节点集为 M。

③ 开始第一次循环，首任务节点 P_0 处于正在执行状态集，即 $P_0 \in B$；首任务节点紧后关系任务节点则进入候选集，即 $S_0 \in C$；其他任务节点处于无法执行状态集。

④ 进行第二次循环，首任务节点 P_0 执行完成进入已完成状态集，即 $P_0 \in A$。根据优先规则（见表 4.1）从候选集 C 中选择符合条件的任务节点（满足资源约束的任务节点）进入正在执行状态集 B 并执行，没有进入正在执行状态集 B 依然属于候选集 C。从无法执行状态集 D 中选择符合条件的任务节点（满足紧前关系的任务节点）进入候选状态集 C，未进入候选状态集 C 的依然属于无法执行状态集 D。

⑤ 如此循环直到项目中所有任务节点都执行完成。

步骤 2：在第一步生成的调度计划的基础上，保持项目的总调度计划工期不变，在满足资源约束和紧前关系的条件下，逐步向右移动那些可以后移的任务节点，直到所有任务节点都不能移动为止，最终生成新的项目调度计划。

① 从倒数第二个任务节点 P_n 开始从后向前检查项目的各个任务节点能否向后移动，不能移动的任务节点记为 4，可以移动的任务节点记为 3。

② 对于记为 3 的可以向后移动的任务节点，再来检查是否能满足资源约束，是否真正可以向后移动。对于不能满足资源约束的任务节点，记为 1；而对于那些可以满足资源约束的可移动的任务节点则记为 0。

③ 对于记为 0 的那些真正可以移动的任务节点，计算其在不影响整个项目的调度计划情况下到底可以向后移动几个单位，并向后移动相应单位生成新的项目任务节点的开始时间。

④ 再返回到①，如此循环，直至所有的任务节点都不能向后移动为止。

步骤 3：输出向后移动后的各个项目任务节点的最终开始时间和结束时间。那些可以移动的任务节点说明不属于关键链，而那些不能移动的任务节点则说明属于关键链。

步骤 4：输出关键链。

① 那些不能移动的任务节点属于关键链，但可能有多条关键链。显然首任务节点 P_0 和尾任务节点 P_{n+1} 都处在每条关键链上。

② 从首任务节点 P_0 开始将属于关键链上的任务节点按照紧前关系和时间（前一任务节点结束时间等于下一任务节点的完成时间）的排序，直到尾任务节点结束，则会形成一条关键链。

③ 如此循环，直到属于关键链上的所有任务节点都找到自己所属的关键链。

④ 输出关键链的条数和各条关键链的任务节点。

步骤 5：非关键链的识别。

① 计算已生成的关键链的条数。

② 当存在多条关键链时，为了在项目调度过程中不受影响，按照 CC/BM 的思想需从中选取一条关键链，其他关键链都可看作非关键链，并在其后设置接驳缓冲保护其按时执行而不影响已被选取的关键链（Eliyahu and Goldratt, 2003）。否则直接进入③。

③ 从前向后，从第一个非关键链上的任务节点开始，搜查下一任务节点，必须满足两个要求：具有紧后关系，且不处于关键链上。

④ 如此循环，直到遇到关键链上的与其具有紧后关系的任务节点则会形成一条非关键链。

⑤ 再返回到③，直到所有的非关键链上任务节点都能属于某一条非关键链。

2. 优先规则

在识别关键链算法中的第一步，基于优先规则生成项目的调度计划。优先规则可以采用以下已存在且被普遍认可的规则，见表4.1（刘士新，2007）。

表 4.1　目前已被公认的较好优先规则

优先规则名称	公式	优先规则名称	公式
最大最高排列位置权重（GRPW）	$\max_j d_j + \sum_{i\in S_j} d_i$	最小最晚完成时间（MINLFT）	$\min_j(LS_j + d_j)$
最大最多紧后工作数（MTS）	$\max_j \lvert S_j^T\rvert$	最大资源利用量（GRU）	$\max_j \sum_k r_{jk}$
最小最晚开始时间（LST）	$\min_j LS_j$	最大资源总需求量（GRD）	$\max_j d_j \sum_k r_{jk}$
最小自由时间（MINSLK）	$\min_j(LS_j - t_n)$	后序工作机动时间（LFS）	$\min_j(LS_j - ES_j)$

注：d_j——工作 j 的执行时间；S_j——工作 j 的紧后工作集；S_j^T——工作 j 的所有后序工作集；ES_j——工作 j 的最早开始时间，按照 PERT 方法计算；LS_j——工作 j 的最晚开始时间，按照 PERT 方法计算；r_{jk}——工作 j 对资源 k 的需求量；t_n——调度时间。

3. 算例说明

为了测试算法的正确性和有效性，采用 C 语言编写并在 VC 平台上实现算法，运行在配置为 Intel Pentium 4/80GHz/1GB 的个人计算机上。以标准问题库 PSPLIB 中的问题 J301_1.SM 为例说明关键链的识别过程，采用的优先级为后序工作机动时间（LFS）：$\min_j(LS_j - ES_j)$。

步骤 1：生成项目调度的调度计划，见表 4.2。

表 4.2　初始项目调度计划时间安排

任务	任务持续时间	任务开始时间	任务结束时间	后置任务	任务	任务持续时间	任务开始时间	任务结束时间	后置任务
1	0	0	0	2、3、4	17	6	23	29	22
2	8	4	12	6、11、15	18	5	10	15	20、22
3	4	0	4	7、8、13	19	3	13	16	24、29
4	6	0	6	5、9、10	20	7	26	33	23、25
5	3	9	12	20	21	2	29	31	28
6	8	31	39	30	22	7	29	36	23
7	5	4	9	27	23	2	36	38	24
8	9	4	13	12、19、27	24	3	38	41	30
9	2	12	14	14	25	3	33	36	30
10	7	6	13	16、25	26	7	21	28	31
11	9	12	21	20、26	27	8	15	23	28
12	2	13	15	14	28	3	33	36	31
13	6	4	10	17、18	29	7	19	26	32
14	3	16	19	17	30	2	41	43	32
15	9	12	21	25	31	2	37	38	32
16	10	13	23	21、22	32	0	43	43	

步骤 2：向后移动各个可能移动的任务，直到不能移动所生成的新的项目任务计划

安排时间，见表 4.3。

表 4.3　后移后项目调度计划安排时间

任务	任务持续时间	任务开始时间	任务结束时间	后置任务	任务	任务持续时间	任务开始时间	任务结束时间	后置任务
1	0	0	0	2、3、4	17	6	23	29	22
2	8	11	19	6、11、15	18	5	10	15	20、22
3	4	0	4	7、8、13	19	3	16	19	24、29
4	6	0	6	5、9、10	20	7	28	35	23、25
5	3	25	28	20	21	2	31	33	28
6	8	33	41	30	22	7	29	36	23
7	5	10	15	27	23	2	36	38	24
8	9	6	15	12、19、27	24	3	38	41	30
9	2	16	18	14	25	3	38	41	30
10	7	6	13	16、25	26	7	34	41	31
11	9	19	28	20、26	27	8	15	23	28
12	2	16	18	14	28	3	35	38	31
13	6	4	10	17、18	29	7	21	28	32
14	3	18	21	17	30	2	41	43	32
15	9	29	38	25	31	2	41	43	32
16	10	13	23	21、22	32	0	43	43	

步骤 3：确定不能移动的项目任务，即关键链上的任务为：1、3、4、10、13、16、17、18、22、23、24、27、30、32。资源 1、资源 2、资源 3、资源 4 的资源总量为 12、13、4、12。表 4.4 表示的是在各个时刻各个资源的占用量，同时也说明了在各个时刻是满足资源约束的。图 4.2 是用 Project2003 作的后移后的项目调度计划图，其中方格条和斜线条的任务表示关键链上的任务，空白条表示所有可以移动的任务。

表 4.4　各时刻的各个资源占用量

时刻	资源 1	资源 2	资源 3	资源 4	时刻	资源 1	资源 2	资源 3	资源 4
1	10	0	0	3	16	4	0	0	12
2	10	0	0	3	17	10	8	0	12
3	10	0	0	3	18	10	8	0	12
4	10	0	0	3	19	4	9	0	12
5	4	0	0	3	20	0	13	0	12
6	4	0	0	3	21	0	13	0	12
7	4	1	0	1	22	0	12	0	12
8	4	1	0	1	23	0	12	0	12
9	4	1	0	1	24	0	12	0	8
10	4	1	0	1	25	0	12	0	8
11	4	1	0	8	26	3	12	0	8
12	8	1	0	8	27	3	12	0	8
13	8	1	0	8	28	0	12	0	8
14	8	1	0	12	29	0	10	0	8
15	8	1	0	12	30	5	10	0	0

续表

时刻	资源 1	资源 2	资源 3	资源 4	时刻	资源 1	资源 2	资源 3	资源 4
31	5	10	0	0	38	6	8	4	8
32	5	10	0	6	39	4	9	4	8
33	5	10	0	6	40	4	9	4	8
34	5	10	0	8	41	4	9	4	8
35	5	10	4	8	42	0	7	2	0
36	5	8	4	8	43	0	7	2	0
37	6	8	4	8					

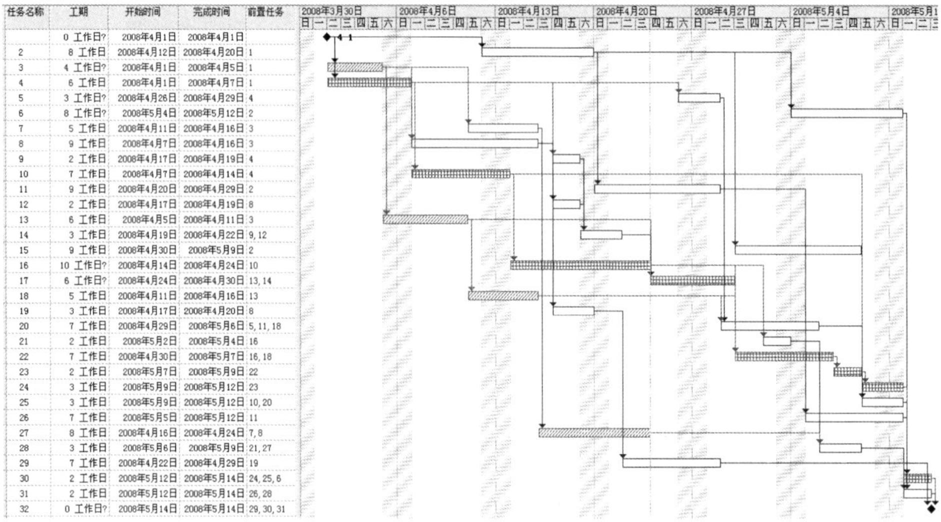

图 4.2　关键链启发式算法识别问题 J301_1.SM 的关键链

步骤 4：可以判断我们得到两条关键链。

第一条关键链为：1，4，10，16，17，22，23，24，30，32。

第二条关键链为：1，3，13，18，27，17，22，23，24，30，32。

由上述步骤可以求得项目的工期为 43，也就是关键链的长度为 43。

步骤 5：非关键链的确定。

假设以第一条链为关键链（即 1，4，10，16，17，22，23，24，30，32），我们可以得到以下七条非关键链。

第一条非关键链为：3，13，18，与关键链上任务 22 相交。

第二条非关键链为：2，11，（5），20，与关键链上任务 23 相交。

第三条非关键链为：9，（12），14，与关键链上任务 17 相交。

第四条非关键链为：6，与关键链上任务 30 相交。

第五条非关键链为：15，25，与关键链上任务 30 相交。

第六条非关键链为：（7），8，27，（21），28，（26），31，与关键链上任务 32 相交。

第七条非关键链为：19，29，与关键链上任务 32 相交。

4.3.2　插入时间缓冲区后可能引起 3 种冲突

关键链/缓冲管理中第 3 步是在原有项目基准调度计划中插入接驳缓冲区，在这一步就有可能产生冲突。下面通过举例来说明由于接驳缓冲的插入可能引起的 3 种冲突。为了方便起见，本章采用 AON 网络结构图，并且在项目的首尾都增加一个虚拟任务（执行时间为零的任务）。

1. 可能引起紧前关系冲突

图 4.3 通过一个基本简单的例子来说明可能引起的紧前关系冲突。项目网络图 4.3（a）中的网络结构表示项目各任务之间的紧前关系，圆圈中 i 表示项目中第 i 个任务节点，括号内数字和字母分别表示执行第 i 个任务节点所需要的执行时间和所需要的资源。此外，该项目有两种资源 R_1 和 R_2。按照 4.3.1 节中关键链和非关键链的识别方法，可以得到插入缓冲区前的项目基准调度计划以及该项目的关键链 0-1-2-3-5-6 和非关键链 4，见图 4.3（b）。从 4.2 节可知关于缓冲区大小设置的研究非常多，在此不再做相应的研究，简单地采用 Goldratt 的 1/2 法则可得到 FB=3，并插入任务 4 和任务 5 的交汇处。由此可见，插入缓冲区后，任务 1 和任务 4 将发生紧前关系冲突，从而需要我们对任务 1 进行重排，见图 4.3（c）。

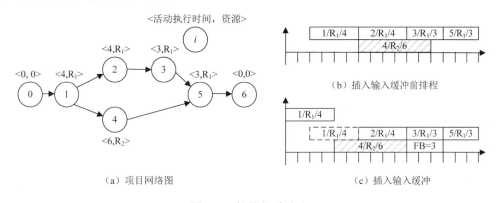

（a）项目网络图　　　　　　　　　（c）插入输入缓冲

图 4.3　紧前关系冲突

2. 可能引起资源约束冲突

同样，从图 4.4（a）可以得到插入接驳缓冲前的项目基准调度计划以及项目关键链 0-1-2-3-5-6 和非关键链 4，见图 4.4（b）。FB=3，需要插入到任务 4 和任务 5 的交汇处。在插入缓冲区后，任务 4 和任务 1 将出现由于资源 R_2 而引起的资源冲突，从而需要对任务 1 进行重排，见图 4.4（c）。

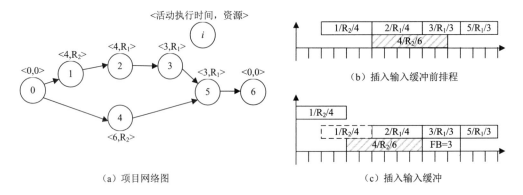

（a）项目网络图   （b）插入输入缓冲前排程   （c）插入输入缓冲

图 4.4   资源约束冲突

3. 可能引起紧前和资源约束

同样，从图 4.5（a）可以得到插入接驳缓冲前的项目基准调度计划以及项目关键链 0-1-2-3-5-6 和非关键链 4，见图 4.5（b）。FB=3，需要插入到任务 4 和任务 5 的交汇处。在插入缓冲区后，任务 4 和任务 1 将出现由于资源 R_2 而引起的资源冲突，同时也出现由于任务 1 和任务 4 之间紧前关系而引起的紧前关系冲突，从而需要对任务 1 进行重排，见图 4.5（c）。

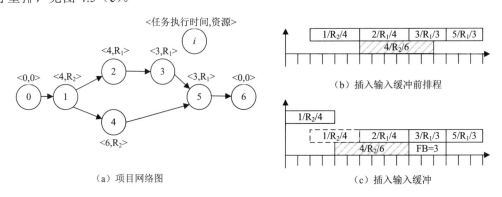

（a）项目网络图   （b）插入输入缓冲前排程   （c）插入输入缓冲

图 4.5   紧前关系和资源约束同时冲突

4.3.3   插入时间缓冲区计划重排

4.3.2 节通过举例给出可能出现的 3 种不同冲突，说明在插入接驳缓冲后，需要对项目的计划进行重排。本节具体阐述基于分支定界法的全局性计划重排和基于分支定界法的局部性计划重排。

图 4.6 给出项目网络图和采用分支定界法得到的基准调度计划，并得到关键链 1-3-2-5-8-9-10-11 和 3 条非关键链（4、7、6）。需要在每条非关键链后插入的缓冲区为：$FB_4=1$（任务 4 和任务 8 的交汇处），$FB_7=1$（任务 7 和任务 10 的交汇处），$FB_6=3$（任务 6 和任务 9 的交汇处）。在原始项目网络图上插入接驳缓冲后的项目网络图，见图 4.7。

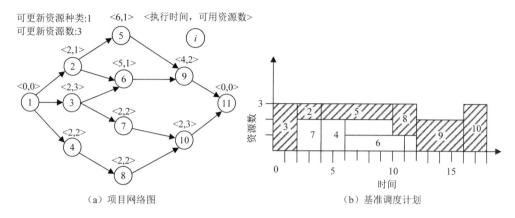

（a）项目网络图 （b）基准调度计划

图 4.6 项目网络图和基准调度计划

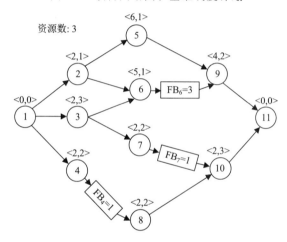

图 4.7 插入接驳缓冲区后的项目网络图

1. 全局性计划重排

全局性计划重排是在项目基准调度计划中插入接驳缓冲，并将缓冲区看成项目的任务节点，对整个项目进行重新计划安排。以图 4.7 为例，将 FB_4 标记为执行时间为 1，需要占用资源为 0 的新任务 12；FB_6 标记为执行时间为 3，需要占用资源为 0 的新任务 13；以及将 FB_7 标记为执行时间为 1，需要占用资源为 0 的新任务 14。基于分支定界法的全局性计划重排算法见表 4.5。

表 4.5 基于分支定界法的全局性计划重排算法

步骤 1：在基准项目调度计划中插入项目的 n_f 个接驳缓冲和 1 个项目缓冲（注：本章没有考虑项目缓冲），将缓冲区看作插入项目的新任务（执行时间为缓冲区大小，资源为零的新任务），生成含有 n_f+n 个任务的新项目。
步骤 2：直接采用 Demeulemeester and Herroelen（1992）中的分支定界法对新生成的含有 n_f+n 个任务的项目进行重排，生成新的全局性重排计划。

1）保留关键链

在计划重排过程中，将关键链上的任务节点按照原来关键链的顺序建立紧前关系，以保证关键链的完整性。保留关键链，采用分支定界法的全局性计划重排算法得到重排计划（见图4.8）。

2）不保留关键链

在计划重排过程中，没有为关键链上的任务建立紧前关系，即没有采取措施保留关键链，重排结果可能会打破原来的关键链。图4.9是不保留关键链，采用分支定界法的全局性计划重排算法得到的重排计划。

从图4.8和图4.9的重排计划可以看出，这两个重排计划截然不同，图4.8重排后的所需工期为19，而图4.9所需工期为18。此外，图4.9中任务5和任务8是并行的，关键链完全被打破。

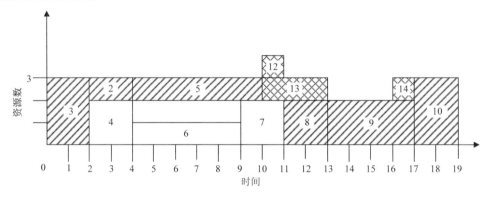

图4.8　保留关键链进行全局性重排

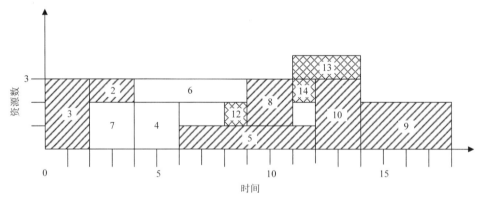

图4.9　可能打破关键链进行全局性重排

2. 局部性计划重排

局部性计划重排是在插入接驳缓冲后，逐步解决出现的资源约束冲突和紧前关系冲突。基于分支定界法的局部性计划重排算法见表4.6。采用基于分支定界法的局部性计划重排，也有保留关键链和关键链可能被打破两种情况。

表 4.6 基于分支定界法的局部性计划重排算法

步骤 1：在基准调度项目计划中插入项目的 n_f 个接驳缓冲和 1 个项目缓冲（注：本章没有考虑项目缓冲），将缓冲看作插入项目的新的任务，生成含有 $n_f + n$ 个任务的项目计划。

步骤 2：将整个计划整体向后移动 N 个单位（足够大），标记首任务时刻为 N，尾任务时刻为 $T + N$（T 表示基准调度计划的工期），其他任务时刻为 $t + N$。

步骤 3：从尾端开始逐个从后向前检测项目任务是否满足紧前约束和资源约束，并找到第一个冲突时刻 t_c 和存在冲突的任务，记冲突任务集为 Π，记解决冲突的最小组合集为 ψ。

步骤 4：从最小组合集中选取一个组合，将之向前移动以解决冲突问题，得到新的计划。检验是否存在紧前冲突或资源冲突，若存在，则返回到步骤 3；反之，则进入步骤 5。

步骤 5：记录计划的首任务时刻，并进行比较。若首任务时刻大于最优时刻，则替换并返回上一层。反之，则返回。

下面以保留关键链为例，阐述基于分支定界法的计划重排算法。

（1）在图 4.6 所示的基准调度计划中，插入 3 个单位的接驳缓冲区后得到含有 14 个任务节点的项目调度计划，见图 4.10。

（2）将得到的调度计划整体向后移动 10 个单位，则各个任务的开始时间依次为：[10,12,10,14,14,14,12,20,22,26,28,19,19,25]。

（3）从尾任务开始逐个从后向前检测项目任务，当检测到时刻 14 时，发现任务 4、5 和 6 存在资源冲突（在时刻 14 时，任务 4、5 和 6 同时执行需要资源数为 4，而实际资源量为 3），记冲突集 Π（4、5、6）。可以向前移动并解决在时刻 14 发生资源冲突的最小组合为{4}、{5}或{6}（第一层）。选取左节点{4}，将任务 4 向前移动 2 个单位使时刻 14 不再存在资源冲突，见图 4.11；当检测到时刻 12 时，发现任务 2、4 和 7 存在资源冲突，记冲突集 Π（2、4、7），而此时可以向前移动并解决在时刻 12 发生资源冲突的最小组合集为{4}或{7}（第二层），选取左节点{4}，将任务 4 向前移动 2 个单位使时刻 12 不再存在资源冲突，见图 4.12。依此类推，得到在时刻 11 解决冲突的最小集合为{3}或{4}（第三层），选取左节点{3}，可以得到重排计划，见图 4.13，并标记此时的首任务开始时刻为 9，标记为最优时刻，此时的重排计划为最优重排计划，各任务开始时间依次为[9,13,9,11,15,15,13,21,23,27,29,20,20,26]，最优重排工期为 29-9=20。返回到右节点{4}，也可以得到首任务开始时刻为 9，与最优时刻相等，则返回到第二层的右节点{7}。按照上面的方法，最后得到在这种情况下的首任务开始时刻也为 9，则返回到第一层的节点{5}。在这种情况下，首任务的开始时刻为 8，比最优时刻要小，得到的工期比 20 要大，故可以剪掉。同样的道理，第一层的右节点的那支也可以剪掉。整个分支定界过程见图 4.14。最终得到项目局部性重排计划为[9,13,9,11,15,15,13,21,23,27,29,20,20,26]，将此计划整体向左移动 9 个单位，得到[0,4,0,2,6,6,4,17,19,20,11,11,17]。在此计划的基础上，不产生紧前和资源冲突情况下，将任务尽可能向左移动，生成项目的最早开始重排计划，见图 4.15。

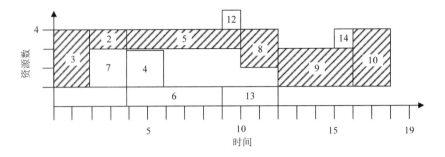

图 4.10　基准调度计划插入缓冲区

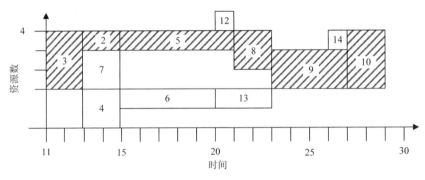

图 4.11　解决第一个冲突

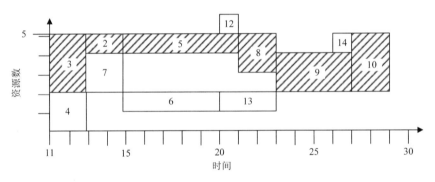

图 4.12　解决第二个冲突

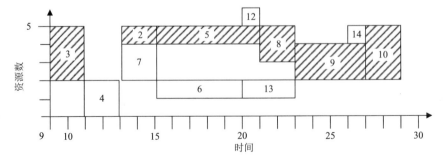

图 4.13　最优重排计划

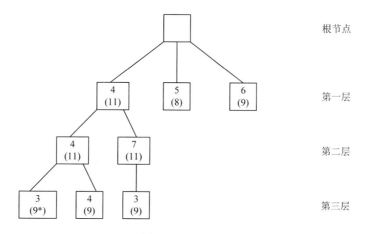

图 4.14 分支定界图

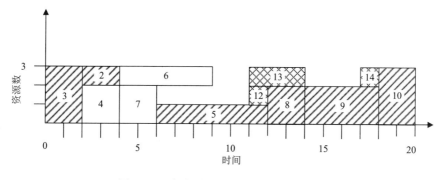

图 4.15 保留关键链进行局部性重排

图 4.16 是不保留关键链的计划重排结果。尽管图 4.15 和图 4.16 显示的重排计划的工期都为 20，但是其重排计划是截然不同的。此外，图 4.16 也显示关键链被打破（关键链上任务 5 和任务 8 并行）。

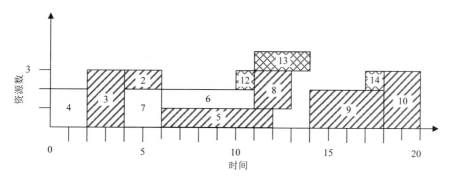

图 4.16 关键链可能被打破进行局部性重排

3. 全局性计划重排与局部性计划重排比较分析

为了测试局部和全局计划重排方法的正确性和有效性，并比较其优越性，采用 C

语言编写在 VC 平台上实现的算法，运行在配置为 Inter Pentium 4/80GHz/1GB 的个人计算机上。通过 Patterson 集中 110 个问题进行分析比较。这 110 个问题包含 7 到 51 个任务节点，最多有 3 个可更新资源。其中有 10 个问题含有 51 个任务节点，2 个问题有 35 个节点，42 个问题有 27 个节点，其他问题的任务节点少于 27 个。

1）项目各任务实际执行时间的产生

假设项目各任务实际执行时间服从 Beta 分布，其参数分别为 2 和 5，均值为 $E(d_i)$。将各任务实际执行时间按照不确定性分为 3 个层次进行比较：方差较小的执行时间（不确定性较低），方差中等的执行时间（不确定性中等）和方差变化较大的执行时间（不确定性较高）。其中不确定性较低任务的实际执行时间表示为 $0.75 \times E(d_i) \sim 1.625 \times E(d_i)$，不确定性中等任务的实际执行时间表示为 $0.5 \times E(d_i) \sim 2.25 \times E(d_i)$，不确定性较高任务的实际执行时间表示为 $0.25 \times E(d_i) \sim 2.875 \times E(d_i)$。图 4.17 表示任务均值 $E(d_i) = 5$ 时按照 3 个不同层次的任务实际执行时间概率分布。从图中可以看出：不确定性越低，分布越集中于均值 5；不确定性越高，分布越扩散。

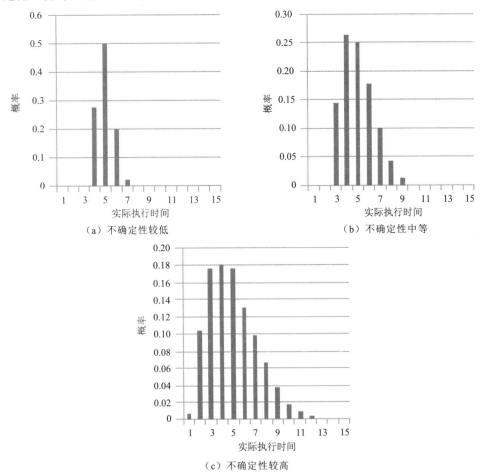

（a）不确定性较低　　　　　　　　（b）不确定性中等

（c）不确定性较高

图 4.17　3 个不同层次的任务实际执行时间概率分布图

2）项目完成评价指标

下面采用两个绩效评价指标来分析和比较重排算法的优劣。

（1）项目即时完工率（timely project completion probability，TPCP）：项目在交货期（due date）之前按时完成项目的概率，其函数是 TPCP $= P(S_{nt} \leqslant \text{due date})$。项目即时完工率越高越好。此处设置两种交货期，分别为以关键链的长度作为交货期和以 Patterson 工期长度作为交货期。

（2）项目惩罚成本（stability cost，SC）：项目在实际执行过程中任务实际执行时间偏离项目重排后的计划时刻所产生的惩罚成本，其函数 $\text{SC} = \dfrac{\sum\limits_{t=1}^{N}\sum\limits_{i=1}^{n} w_i \left| S_{it} - s_i \right|}{N}$ 表示项目任务 i 在第 t 次模拟仿真时，重排计划开始时刻 s_i 与任务实际开始时刻 S_{it} 的绝对偏差的期望之和，w_i 表示任务 i 的惩罚因子。这个评价指标是为了评价所得到项目模式组合下项目调度计划的稳健性。此处采用 Van de Vonder 等（2008）提出的惩罚因子函数。惩罚因子服从线性分布：$P(w_i = q) = (21 - 2q)\%, q \in \{1, 2, \cdots, 10\}$。根据此分布函数可以看出惩罚因子越小，其生成的概率就越高，平均惩罚因子 $w_{\text{ave}} = 3.85$。项目的虚拟尾任务节点在交货期前没有按时完工时的惩罚因子为 38。值得注意的是：如果项目按时完工，就不会产生任何惩罚成本；反之，则产生惩罚成本。通常，项目惩罚成本越小越好。

3）试验仿真规则

根据项目的重排计划，按照以下规则进行模拟仿真。

（1）在仿真过程中，按照项目的重排计划，得到项目各任务节点的优先顺序，根据其优先顺序进行执行。

（2）如果任务节点在关键链上，优先执行。

（3）当非关键链上任务同时执行出现资源冲突时，优先执行接驳缓冲消耗多的非关键链上任务。

（4）关键链上的首任务节点不能早于重排计划时刻开工，其他任务则按照接力赛策略执行。

（5）非关键链上的 gating task（即非关键链上不存在紧前任务的任务节点）仿真执行时间不能早于重排计划时刻，其他任务也按照接力赛策略执行。

（6）任务在执行过程中，必须满足紧前关系和资源约束关系。

（7）在仿真项目执行过程中，不考虑增加资源的情况。

4）试验仿真结果及结果分析

表 4.7～表 4.9 依次为不确定性从低到高的仿真结果。在仿真过程中，将 Patterson 集的 110 个问题分成 3 组，其中任务节点小于 27 的问题为小项目组，任务节点为 27 和 35 的问题为中等项目组，任务节点为 51 的问题为大项目组。在各个表中，"G"表示基于分支定界法的全局性重排算法，"L"表示基于分支定界法的局部性重排算法；"Y"

表示保留关键链；"N"表示关键链有可能被打破；"Deadline=CC"表示截止日期为项目的关键链的长度；"Deadline=P"表示截止日期为项目的 Patterson 工期长度；TPCP和 SC 表示项目完成评价指标。以表 4.7 的第 4 行第 3 列为例，表示采用基于分支定界法的全局性重排算法，为关键链上任务建立紧前关系，在项目截止日期为关键链的长度的情况下，小项目的完工率为 99.2%，项目的惩罚成本为 163。

表 4.7　不确定性较低情景

全局重排/局部重排 (G/L)	是否保留关键链	<27任务节点				27, 35任务节点				51任务节点			
		Deadline=CC		Deadline=P		Deadline=CC		Deadline=P		Deadline=CC		Deadline=P	
		TPCP	SC	TPCP	SC	TPCP	SC	TPCP	SC	TPCP	SC	TPCP	SC
G	Y	99.2%	163	78.7%	177	99.9%	294	85.9%	305	100%	1073	93.4%	1078
L	Y	97.4%	160	74.3%	178	99.9%	316	84.2%	326	100%	1217	90.5%	1224
G	N	99.1%	157	77.7%	172	99.9%	312	83.9%	330	100%	1024	93.8%	1029
L	N	96.9%	180	59.1%	219	99.1%	327	63.6%	370	100%	1123	89.3%	1131
平均值		98.2%	165	72.5%	187	99.7%	312	79.4%	332	100%	1109	91.8%	1115

表 4.8　不确定性中等情景

全局重排/局部重排 (G/L)	是否保留关键链	<27 任务节点				27, 35 任务节点				51 任务节点			
		Deadline=CC		Deadline=P		Deadline=CC		Deadline=P		Deadline=CC		Deadline=P	
		TPCP	SC	TPCP	SC	TPCP	SC	TPCP	SC	TPCP	SC	TPCP	SC
G	Y	97.9%	169	63%	203	99.5%	302	67%	340	100%	984	71.2%	1028
L	Y	95.7%	166	60%	206	99.4%	319	64%	360	100%	1114	67.9%	1163
G	N	97.8%	166	62.5%	202	99.3%	326	64.5%	372	100%	942	70.8%	986
L	N	94.7%	191	49.8%	252	97.4%	347	50.7%	422	100%	1038	66.2%	1088
平均值		94.6%	201	54.6%	252	97.2%	371	57%	434	99.9%	1142	63.6%	1202

表 4.9　不确定性较高情景

全局重排/局部重排 (G/L)	是否保留关键链	<27任务节点				27, 35任务节点				51任务节点			
		Deadline=CC		Deadline=P		Deadline=CC		Deadline=P		Deadline=CC		Deadline=P	
		TPCP	SC	TPCP	SC	TPCP	SC	TPCP	SC	TPCP	SC	TPCP	SC
G	Y	91.9%	190	49.8%	253	95%	325	50.3%	406	98.5%	944	50.8%	1061
L	Y	89.8%	189	47.7%	258	94.5%	339	48.5%	423	98.3%	1046	48.3%	1170
G	N	91.8%	191	49.4%	257	94.4%	352	48.5%	441	98.5%	916	50.5%	1033
L	N	87.1%	220	41.3%	306	90.5%	380	39.9%	493	98.3%	995	47.7%	1123
平均值		90.1%	197	47%	268	93.6%	349	46.8%	440	98.4%	975	49.3%	1096

通过表 4.7～表 4.9 的仿真结果，总结归纳以下几点：①项目任务的不确定性越低，项目即时完工率越高，项目的惩罚成本越低。②基于分支定界法的全局性计划重排算法要优于局部性算法。③不论是全局性算法还是局部性算法，在保留关键链的情况下，项目的完工率要稍微高一点，但是项目惩罚成本相差不大。④项目即时完工率与惩罚

成本是成反比的。项目即时完工率越低，惩罚成本越高；而项目即时完工率越高，惩罚成本越低。

4.4　基于插入时间缓冲法或优先级的调度策略仿真试验前期准备

4.4.1　绩效评价指标

为了更好地比较项目调度策略，需要提出一系列指标来评价项目的工期和项目的鲁棒性。在 4.3 节已介绍的两个绩效指标的基础上，引入另外 2 个绩效评价指标：项目平均工期和项目工期方差。其中，项目平均工期和项目即时完工率是从项目工期的角度进行评价的；项目工期方差和项目惩罚成本则是从项目稳健性角度考虑的。

① 项目平均工期（average project length，APL）：满足紧前关系和资源约束的情况下，完成项目的平均工期，其函数为 $\mathrm{APL} = \dfrac{\sum\limits_{t=1}^{N} S_{nt}}{N}$，其中 S_{nt} 表示项目尾任务节点（虚拟任务）在第 t 次模拟仿真时的开始执行时间，即项目完成时间；N 表示模拟仿真执行的次数，项目平均工期越短越好。

② 项目工期方差（standard deviation of the project length，SDPL）：项目工期的变化性，其函数为 $\mathrm{SDPL} = \sqrt{\dfrac{\sum\limits_{t=1}^{N} (S_{nt} - \mathrm{APL})^2}{N-1}}$。项目工期方差越小越好。

此外，此处及后续章节的项目交货期设置为项目基准调度计划工期的 120%，其他交货期也进行过测试，但是总体测试结果的变化不大。

4.4.2　所有有效执行模式的产生

为了清楚阐述模拟仿真过程，以一个比较简单的 DTRTP 问题进行举例说明。图 4.18 表示一个任务节点数为 12 的项目 AON 网络结构图，图上箭头表示任务节点之间的紧前关系，各任务节点上方的数字表示该任务节点的工作量。任务节点 0 和 11 表示虚拟任务，此项目的可用资源量为 10。假设项目各任务节点的工作量 W_i 的期望和方差分别服从[10,50]和[1,5]的均匀分布。在本书中，各任务节点生成的所需资源量 r_{im} 是从 a 到 1，于是任务节点的执行时间 $d_{im} = [W_i / r_{im}]$，并检测任务执行模式是否有效。随机产生的各任务节点的工作量的期望、方差、有效执行模式以及任务节点之间的相互关系见表 4.10。

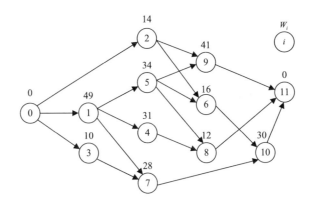

图 4.18　DTRTP 问题简单示例

表 4.10　有效执行模式、任务节点相关信息关系表

任务节点	工作量	工作量方差	有效执行模式（执行时间，资源需要量）	有效执行模式个数	紧前任务节点
0	0	0.000000	{<0,0>}	1	—
1	49	2.782769	{<5,10>,<6,9>,<7,7>,<9,6>,<10,5>,<13,4>, <17,3>,<25,2>,<49,1>}	9	0
2	14	1.018677	{<2,7>,<3,5>,<4,4>,<5,3>,<7,2>,<14,1>}	6	0
3	10	2.511521	{<1,10>,<2,5>,<3,4>,<4,3>,<5,2>,<10,1>}	6	0
4	31	3.284738	{<4,8>,<5,7>,<6,6>,<7,5>,<8,4>,<11,3>,<16,2>,<31,1>}	8	1
5	34	3.428663	{<4,9>,<5,7>,<6,6>,<7,5>,<9,4>,<12,3>,<17,2>,<34,1>}	8	1
6	16	3.652181	{<2,8>,<3,6>,<4,4>,<6,3>,<8,2>,<16,1>}	6	2,5
7	28	2.408490	{<3,10>,<4,7>,<5,6>,<6,5>,<7,4>,<10,3>,<14,2>,<28,1>}	8	1,3
8	12	3.430738	{<2,6>,<3,4>,<4,3>,<6,2>,<12,1>}	5	4,5
9	41	4.210425	{<5,9>,<6,7>,<7,6>,<9,5>,<11,4>,<14,3>,<21,2>,<41,1>}	8	2,5
10	30	2.207801	{<3,10>,<4,8>,<5,6>,<6,5>,<8,4>,<10,3>,<15,2>,<30,1>}	8	6,7
11	0	0.000000	{<0,0>}	1	8,9,10

4.4.3　所有最优基准调度计划的产生

确定性 DTRTP 问题有成千上万种有效的模式组合，此问题的复杂度为 $O(|M|^n)$，其中 $|M|$ 表示各任务节点存在的模式数，n 表示项目任务节点数。由于采用枚举法枚举所有有效模式组合需要非常长的计算时间，本节仅列出所有工期最短并且有效的模式组合。此外，项目决策者通常在执行项目时，按照工期最短的项目计划执行。对于有效的模式组合，我们只选择工期最短的项目调度计划。总而言之，本章模拟仿真与第 5 章、第 6 章模拟仿真首先需要求得确定性 DTRTP 问题的最优且有效模式组合下的最优项目调度计划。

从第 2 章关于 DTRTP 问题的求解算法可知，有许多确定性算法和启发式算法都可以用来求得此问题的最优且有效模式组合下最优基准调度计划。然而，启发式算法和元-启发式算法仅能够找到最优计划，却不能找到所有的最优调度计划。我们决定采用确定性算法来求得所有的最优且有效模式组合下的最优项目调度计划。本节在Demeulemeester 等（2000）提出的分支定界法的基础上稍做修改求得所有的最优且有效模式组合下的最优项目调度计划。此外，值得注意的是，由于同一最优模式组合可能产生不同的最优调度计划，因此选取其中一种计划作为基准调度计划。对于图 4.19 所举例子，所有最优模式组合见表 4.11，而相应的最优基准调度计划的开始时刻见表 4.12。

表 4.11　所有最优模式组合

选择	模式组合	工期
1	<0,0>,<5,10>,<7,2>,<5,2>,<8,4>,<9,4>,<4,4>,<7,4>,<3,4>,<7,6>,<3,10>,<0,0>	27
2	<0,0>,<5,10>,<2,7>,<1,10>,<11,3>,<5,7>,<4,4>,<4,7>,<3,4>,<7,6>,<3,10>,<0,0>	27
3	<0,0>,<5,10>,<7,2>,<1,10>,<11,3>,<7,5>,<4,4>,<4,7>,<3,4>,<7,6>,<3,10>,<0,0>	27
4	<0,0>,<5,10>,<7,2>,<5,2>,<4,8>,<6,6>,<8,2>,<14,2>,<2,6>,<7,6>,<3,10>,<0,0>	27
5	<0,0>,<5,10>,<5,3>,<10,1>,<8,4>,<5,7>,<8,2>,<4,7>,<2,6>,<14,3>,<3,10>,<0,0>	27
6	<0,0>,<5,10>,<2,7>,<1,10>,<11,3>,<5,7>,<4,4>,<4,7>,<6,2>,<14,3>,<6,5>,<0,0>	27
7	<0,0>,<5,10>,<7,2>,<1,10>,<11,3>,<7,5>,<4,4>,<4,7>,<6,2>,<14,3>,<6,5>,<0,0>	27

表 4.12　模式组合所对应的最优调度计划的各任务节点最早开始时间

选择	任务 0	任务 1	任务 2	任务 3	任务 4	任务 5	任务 6	任务 7	任务 8	任务 9	任务 10	任务 11
1	0	0	10	5	5	5	20	13	14	17	24	27
2	0	0	6	5	6	8	20	13	17	17	24	27
3	0	0	10	5	6	10	20	6	17	17	24	27
4	0	0	9	5	5	9	16	10	15	17	24	27
5	0	0	5	10	10	5	10	20	18	10	24	27
6	0	0	6	5	6	8	13	17	21	13	21	27
7	0	0	6	5	6	6	13	17	21	13	21	27

4.4.4　模拟仿真测试问题集

我们选用著名的 PSPLIB 标准问题库（Kolisch et al., 1996）MRCPSP 问题集中任务节点数为 10 的例子，进行时刻表策略与接力赛策略的比较研究。每个项目问题产生的最优模式组合非常多，并且每一个基准调度计划所生成的关键链也很多，模拟仿真的时间非常长。故而，仅从 MRCPSP 问题集中任务节点为 10 的问题中任意抽取 100 个项目问题。100 个项目问题的工作量的期望和方差就按照 4.3 节的方式随机产生。当进行模拟仿真时，按照项目生成的每一个最优调度计划进行仿真。假定项目任务节点 i 的工作量是随机的，并且服从期望为 μ_i、方差为 σ_i 的正态分布（选择正态分布是根据中间极限定理：当模拟次数足够多时，任务节点的工作量偏离某一期望值，近似服从正态分布）。然而，当方差 σ_i 非常大，而期望 μ_i 相对较小的时候，将有可能生成负的工作量。而在实际问题中，这种情况是不可能发生的。因此，在模拟仿真过程中，当从正态分布得到的工作量为负的时候，我们设定其为 0，即这个任务节点不需要执行。在整个模拟仿真中，一共出现了 360 次这种情况。我们有 100 个问题，每个问题有 10 个任务节点，并执行 1000 次模拟仿真，每个任务节点在每次仿真时出现这种情况的概率为 0.036%。本节设定的问题集参数见表 4.13。

表 4.13 问题集参数设定

参数	取值范围
问题集项目任务节点个数（不包含虚拟任务节点）	10
可更新资源种类数	1
可用资源量	10,15,20
工作量期望（μ_i）	$U[10,50]$
工作量方差（σ_i）	$U[1,5]$
工作量服从分布	$N(\mu_i,\sigma_i)$
非虚拟任务节点的惩罚因子	$P(w_i=q)=(21-2q)\%, q\in\{1,2,\cdots,10\}$
虚拟尾任务节点的惩罚因子	38
虚拟首任务节点的惩罚因子	0
交货期	$s_n^{\min}\times 1.2$

4.5 基于插入时间缓冲法或优先级的调度策略仿真试验的设计与实施

4.5.1 模拟仿真一：接驳缓冲区的影响

我们将 CC/BM 应用到多模式问题中，从 3 个不同角度来比较分析接力赛策略和时刻表策略。在模拟仿真一中，为了找到合适的接驳缓冲区，将接驳缓冲区大小设置为其相应的非关键链长度的 0、10%、20%、30%、40% 和 50%。我们还发现 DTRTP 问题的最优基准调度计划是非常紧凑的，即任务之间空隙较小。因此，基准调度计划中存在多条关键链。Goldratt（1997）曾提到过此问题，此外，还有很多其他学术研究，如 Herroelen 和 Leus（2001）、Tukel 等（2006）、Van de Vonder 等（2005），他们在研究过程中，仅任意选取一条关键链作为模拟仿真关键链。本节考虑所有出现的关键链（即在模拟仿真过程中，对于每一个项目，每一个模式组合对应的最优基准调度计划，所有关键链却被选取进行模拟仿真）。在插入接驳缓冲区后，可能出现资源冲突或紧前关系冲突，4.3 节已经对此进行了相关的研究，所以直接采用 4.3 节中的全局性分支定界法进行重排。此外，4.3 节已证明在关键链可能被打破的情况下，依然保持关键链上任务节点的紧前关系，会得到比较好的结果。所以在本试验中继续保持关键链上任务节点的紧前关系，对项目进行全局性重排得到最优重排调度计划。本试验的模拟仿真按照最优重排调度计划进行执行，并遵循关键链优先级，即当关键链上任务节点和非关键链上任务节点有能力同时开始时（有足够资源且其紧前任务已完成，能够开始），关键链上任务要优先于非关键链上任务执行。

图 4.19 说明如何插入接驳缓冲区。根据表 4.11 中第六组模式组合，可以获得最优基准调度计划，见图 4.19。于是对于此最优基准调度计划可得到 5 条关键链，即 <0-1-3-2-5-9-11>、<0-1-3-2-5-6-7-10-11>、<0-1-3-2-5-6-7-8-11>、<0-1-3-4-7-8-11> 和 <0-1-3-4-7-10-11>。图 4.20 表示选取第一条关键链，并插入接驳缓冲区后得到的最优重排调度计划。其中图 4.19 中的接驳缓冲区采用的是 Goldratt 的 1/2 法，即非关键链长度总和的一半（为了方便，当其值为小数时，去掉小数部分再加 1）。例如，非关键链 4-8 的长度为 11+6=17，因此可以得到接驳缓冲区大小为 $FB_1=17/2=9$。

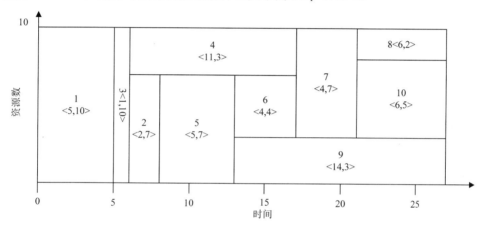

图 4.19　第六组模式组合对应的最优基准调度计划

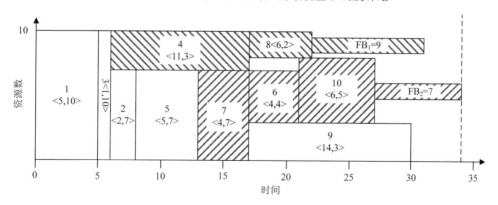

图 4.20　第六组模式组合对应的最优基准调度计划的最优关键链重排计划

4.5.2　模拟仿真二：不同优先级别的影响

模拟仿真二按照 8 种不同的优先级别进行仿真。其目的是为了将 8 种优先级别分别嵌套在时刻表策略与接力赛策略中进行比较分析。对于每一种优先级别，项目的首虚拟任务节点作为优先级别表中的第一个优先任务，而尾虚拟任务则作为优先级别表中的最后一个任务。第 1 个优先规则为随机任务优先规则，此规则将作为基准规则。第 2 个优先规则为开始时刻优先规则，此规则是基于最优基准调度计划的。第 3 个和第 4 个优先规则是关于关键链的优先规则，都优先考虑关键链上的任务节点。最后 4 个优先规则则是考虑各个任务节点的工作量的方差。这 8 种不同的优先规则将在下面进行详细阐述。此外，值得注意的是，当优先级别一样时，按照任务节点的先后顺序进行执行。

1）随机任务

随机任务优先级别表是按照任务节点随机产生的，每个任务节点只出现一次。

2）开始时刻

开始时刻优先级别表是按照最优基准调度计划的各任务节点的开始时刻升序选取的。图 4.18 中的最优基准调度计划，开始时间优先级表为<0-1-3-2-4-5-6-9-7-8-10-11>。

3）第一关键链

第一关键链优先级别表是首先按照关键链上任务排优先级，然后再按照非关键链上任务的开始时间进行优先排序。从图 4.19 可以得到第一关键链优先级别表为<0-1-3-2-5-9-4-7-6-8-10-11>。

4）第二关键链

第二关键链优先级别表的得到方法和第一关键链优先级别表得到的方法一样。主要区别在于它们有可能得到不同的最优调度重排计划。在第一关键链优先级别表中，进行关键链计划重排时，为关键链上任务添加紧前关系约束，而在第二关键链优先级别表中，进行关键链计划重排时，并没有为关键链上任务添加紧前关系约束。因此，关键链上任务有可能并行，不再存在紧前关系。对于此例，我们可以得到第二关键链优先级别表为<0-1-3-2-5-9-4-6-7-8-10-11>。

5）任务估计时间的方差由小到大

任务估计时间的方差由小到大优先级别表是按照任务估计时间的方差从小到大排序得到的。优先级别表为<0-1-2-3-7-10-5-6-4-9-8-11>（见表 4.14，该表包括各任务节点的估计时间的均值、方差、均值与方差的比值，此表也将用于求得第六、第七和第八关键链优先级别表）。

6）任务估计时间的方差由大到小

任务估计时间的方差由大到小优先级别表是按照任务估计时间的方差从大到小排序得到的。优先级别表为<0-8-9-4-6-5-10-7-3-2-1-11>（见表 4.14）。

7）任务时间的均值与方差的比值从小到大

任务估计时间的均值与方差的比值优先级别表是按照比值从小到大排序得到的。对于示例的第六种模式组合，优先级别表为：<0-3-8-6-2-7-4-5-9-1-10-11>（见表 4.14）。

8）任务时间的均值与方差的比值从大到小

任务估计时间的均值与方差的比值优先级别表是按照比值从大到小排序得到的。

对于示例的第六种模式组合，优先级别表为：<0-10-1-9-5-4-7-2-6-8-3-11>（见表4.14）。

表 4.14 基于第六组模式组合关于最后 4 种优先级别规则的数据表

任务节点	工作量	工作量的方差	最优模式所需资源数	任务对应的平均时间	任务对应的时间方差	任务的均值与方差的比值
0	0	0.000000	0	0	0	—
1	49	2.782769	10	5.277	0.45	11.727
2	14	1.018677	7	2.326	0.469	4.9597
3	10	2.511521	10	1.43	0.4953	2.887
4	31	3.284738	3	10.67	1.1645	9.1634
5	34	3.428663	7	5.317	0.5664	9.387
6	16	3.652181	4	4.37	0.9592	4.556
7	28	2.408490	7	4.402	0.5026	8.7577
8	12	3.430738	2	6.3	1.7248	3.6526
9	41	4.210425	3	14.01	1.4174	9.8823
10	30	2.207801	5	6.412	0.5501	11.657
11	0	0.000000	0	0	0	—

4.5.3 模拟仿真三：可用资源量的影响

在模拟仿真三，试验一和试验二将根据可更新资源量为 10、15 和 20 重新执行三次。

4.6 基于插入时间缓冲法或优先级的调度策略仿真结果分析

4.6.1 模拟仿真结果一：接驳缓冲区的影响

本节对接驳缓冲区分别嵌套在时刻表策略与接力赛策略中的影响进行分析，并找出适合此类问题的最优缓冲区大小设置（缓冲区大小表示为非关键链长度的百分比）。图 4.21～图 4.24 分别表示按照接力赛策略与时刻表策略生成的结果，其中"RR"表示接力赛策略，"RW"则表示时刻表策略。数字 0～5 表示缓冲区大小（非关键链长度为0～50%）。对于每一种策略与缓冲区大小组成的组合，100 个问题集的平均值、最小值和最大值见图 4.21～图 4.24。

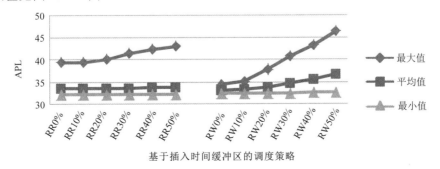

图 4.21 不同接驳缓冲区下的 APL

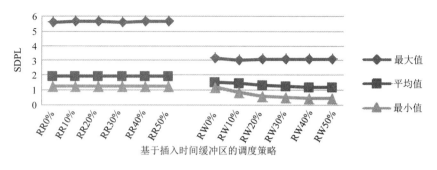

图 4.22　不同接驳缓冲区下的 SDPL

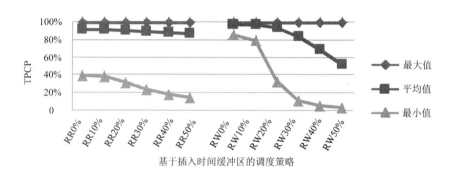

图 4.23　不同接驳缓冲区下的 TPCP

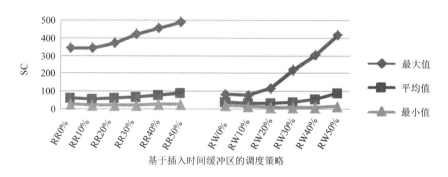

图 4.24　不同接驳缓冲区下的 SC

在图 4.21~图 4.24 中，我们会发现组合策略 RW0%和 RW10%是所有组合中表现最好的。在时刻表策略下，随着缓冲区大小的缓慢增加，项目工期越长，项目即时完工率越低，惩罚成本越大，而项目工期的方差稍微有所改善。在接力赛策略下，组合策略 RR0%~RR50%得到的关于各种评价指标的平均值是相对比较稳定的。对于时刻表策略，组合策略 RW0%和 RW10%得到的关于各种评价指标的平均值显然要比组合策略 RW20%~RW50%得到的平均值要好（任务工期的方差除外）。对于接力赛策略和时刻表策略，随着缓冲区的增加，惩罚成本先缓慢减小然后再增加。

总而言之，通过模拟仿真说明，在此类工作量不确定 DTRTP 环境下，时刻表策略嵌套较小的缓冲区（0～10%非关键链长度）能得到较好的绩效，不仅惩罚成本较小，而且平均工期较短，完工率较高。得出这一结论的主要原因是，在通常情况下，项目决策者在多模式情况下更倾向按照工期最短的项目计划执行。而在项目工期最短的情况下，通常项目计划是非常紧凑的，即项目任务之间没有空隙。按照接力赛策略，需要任务节点赶紧开工执行，这将会导致经常打破关键链（经常偏离计划），故而稳定性降低，工期甚至更长。而按照时刻表策略，则等到任务能开工的时刻才开工，不至于任务调度混乱，所以模拟得到的结果更优。

4.6.2　模拟仿真结果二：不同优先规则的影响

在模拟仿真二中，对八种不同优先规则分别嵌套在时刻表策略与接力赛策略中的影响进行分析。图 4.25～图 4.28 分别表示按照时刻表策略与接力赛策略生成的结果，数字 1～8 分别表示 8 种不同优先规则。对于每一种策略与优先规则组成的组合，100个问题集的平均值、最小值和最大值分别见图 4.25～图 4.28。

在图 4.25～图 4.28 中，可以清楚地看到，对于这 4 个评价指标，不同优先规则对时刻表策略的影响比对接力赛策略的影响小。所有优先规则嵌套在时刻表策略中，开始时刻规则（RW2）和第一关键链规则（RW3）要比其他 6 种规则好。

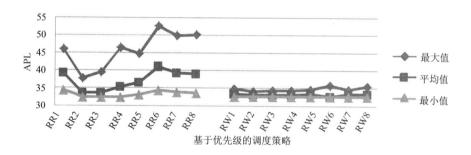

图 4.25　不同优先规则下的 APL

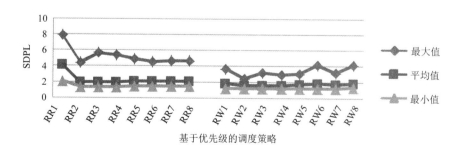

图 4.26　不同优先规则下的 SDPL

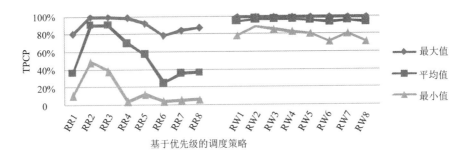

图 4.27　不同优先规则下的 TPCP

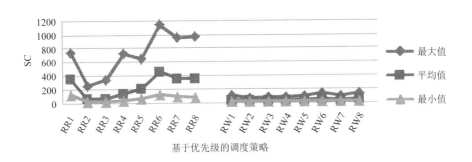

图 4.28　不同优先规则下的 SC

分析接力赛策略发现，当同时考虑 4 种评价指标时，开始时刻规则（RR2）和第一关键链规则（RR3）要比其他优先规则好。比较第一关键链规则（RR3）和第二关键链规则（RR4），显然 RR4 得到结果要比 RR3 差。这就意味着在关键链上任务添加紧前关系将导致项目工期更短，完工率更高，惩罚成本更小。随机任务规则，每次将产生不同优先级别表，尽管使得项目工期的方差变大，但是，对于其他 3 种评价指标，RR1 却比 RR6、RR7 和 RR8 要好。

最后，通过模拟仿真得出结论：时刻表策略嵌套开始时刻优先规则（RW2）和第一关键链规则（RW3）得到绩效要比其他组合策略好。

4.6.3　模拟仿真结果三：可用资源量的影响

在模拟仿真三中，对可用资源量（10，15，20）分别嵌套在时刻表策略与接力赛策略中的影响进行分析。图 4.29～图 4.32 分别表示重复模拟仿真一，按照时刻表策略与接力赛策略生成的结果，图 4.33～图 4.36 分别表示重复模拟仿真二，按照时刻表策略与接力赛策略生成的结果。同样，对于每一种策略与缓冲区大小组成的组合，100 个问题集的平均值、最小值和最大值见图 4.29～图 4.36。

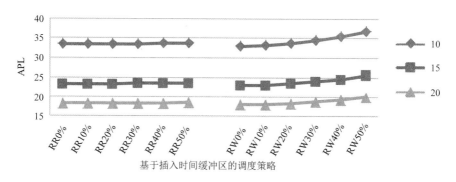

图 4.29　重复模拟试验一在不同可用资源量下的 APL

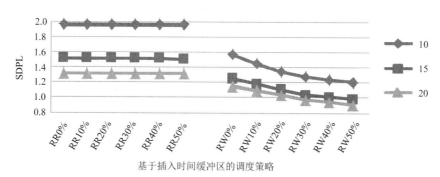

图 4.30　重复模拟试验一在不同可用资源量下的 SDPL

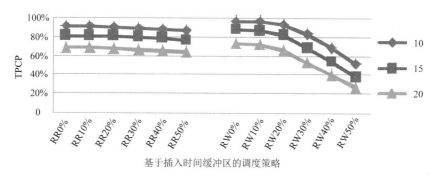

图 4.31　重复模拟试验一在不同可用资源量下的 TPCP

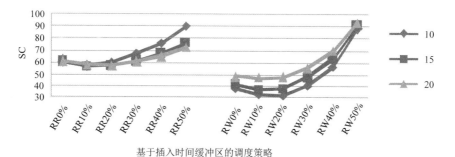

图 4.32　重复模拟试验一在不同可用资源量下的 SC

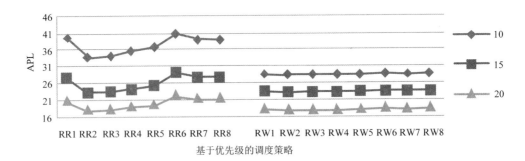

图 4.33　重复模拟试验二在不同可用资源量下的 APL

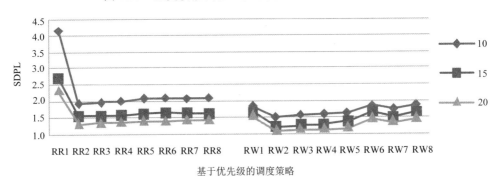

图 4.34　重复模拟试验二在不同可用资源量下的 SDPL

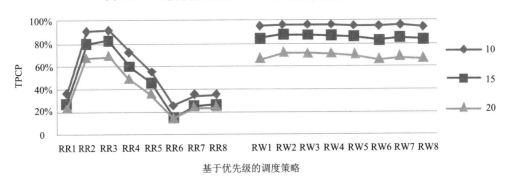

图 4.35　重复模拟试验二在不同可用资源量下的 TPCP

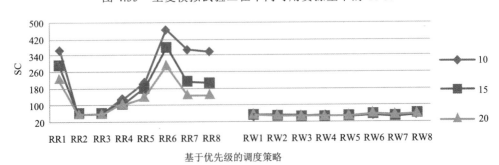

图 4.36　重复模拟试验二在不同可用资源量下的 SC

从图 4.29~图 4.31 中可以看出，不论时刻表策略还是接力赛策略，若可用资源量越大，则项目工期的均值越短，项目工期的方差越小，项目的完工率越低。值得注意的是，对于同一项目网络结构，随着项目可用资源量的变化，其生成的项目最优工期就不同，因此交货期也不同（交货期设置为高于项目最优工期的 50%）。此外，组合策略 RW30%~RW50% 的项目工期均值的平均值显著增加，而项目工期方差和项目即时完工率的平均值显著下降；策略 RW0% 和 RW10% 的项目工期均值的平均值比策略 RR0% 和 RR10% 的项目工期均值的平均值要略小，而策略 RW0% 和 RW10% 的项目即时完工率的平均值比策略 RR0% 和 RR10% 的项目即时完工率的平均值要略高。从图 4.32 中可以看出，随着可用资源量的增加，接力赛策略得到的惩罚成本的平均值下降，而时刻表策略得到的惩罚成本的平均值却增加。对于所有不同的可用资源量，惩罚成本均值随着接驳缓冲区的增加先降低后急剧增加。惩罚成本后来急剧增加的主要原因是项目不能在交货期前完工的概率增加。实际上，较小的接驳缓冲区能增强项目的鲁棒性，然而当接驳缓冲区增加到一定程度时，又能使减少的那部分惩罚成本被由于不能按时完工产生的惩罚成本中和掉。这种效果在时刻表策略下更为明显。

图 4.33~图 4.36 明显地说明，不论在何种可用资源量的情况下，时刻表策略都比接力赛策略要好，而且更稳定。从图 4.33~图 4.35 中可以看出，不论是接力赛策略还是时刻表策略，随着可用资源量的增加，项目工期均值变短，项目工期方差变小，项目即时完工率也变低（不同的交货期）。图 4.36 说明随着可用资源量的增加，接力赛策略下的惩罚成本减少，而时刻表策略下的惩罚成本则缓慢增加。此外，我们还发现开始时刻规划（RR2 和 RW2）和第一关键链规划（RR3 和 RW3）比其他规划要好，尽管在时刻表策略下这种好的效果从图中显示得不是特别明显。

4.7　本　章　小　结

通过本章的模拟仿真试验，可以为项目决策者提出以下建议。首先，在项目调度计划表中资源非常紧凑的情况下，由于时刻表策略在惩罚成本、项目工期方差（预期）、项目工期均值和项目即时完工率 4 个绩效评价指标得到的结果都比接力赛策略得到的要好，所以建议项目决策者采用时刻表策略。其次，对模拟仿真试验一，我们认为在此项目环境下，时刻表策略适合嵌套相对较小的接驳缓冲区（0~10%）；对模拟仿真试验二，当同时考虑 4 种绩效评价指标时，建议采用时刻表策略或接力赛策略的分别嵌套开始时刻或者第一关键链；模拟仿真试验三说明可用资源数对项目的模拟仿真有很大影响。

此外，需要指出的是，本章的模拟仿真试验非常依赖于项目基准最优调度计划和最优重排调度计划。本章采用的最优模式组合仅仅考虑一种最优调度计划，而实际上对于同一最优模式组合，有可能会得到多种不同的最优基准调度计划，那么按照不同的最优基准调度计划进行模拟仿真，就会产生不同的仿真结果（本章没有考虑这种情况）。因此，如何获得稳健的最优调度计划也可以作为本书的一个延伸课题。

　　本章为了得到所有的最优项目调度工期，列举了所有的最优模式组合。然而，对于大项目，这个方法是不可行的。因此在不能列举所有可能的最优模式组合的时候，如何选择模式组合使项目绩效更好可以作为本书另一个值得深入研究的课题。

第 5 章　基于资源流网络或优先级的
时刻表策略与接力赛策略比较研究

在第 4 章研究的基础上，本章引入资源流网络的思想进一步对比研究调度策略。首先回顾资源流网络的研究现状，并介绍两类求解资源流网络的算法，然后引入资源流网络法，将其嵌套到时刻表策略和接力赛策略进行对比仿真试验，针对大量仿真数据，构建 SAS Mixed 模型进行影响分析。

5.1　资源流网络法研究现状

资源流网络（resource flow network，RFN），基于基准项目调度计划将可更新的资源从一个任务节点传输到另一个任务节点。此方法已被证明是一个能为 RCPSP 进行资源配置且鲁棒性较强的好方法。然而，对资源流网络的研究不是很多，主要集中在算法的研究。Artigues 等（2003）采用一种非常简单的方法生成可行资源流网络，没有考虑任何绩效指标，仅通过并行任务确定资源流。Leus（2003）和 Leus 等（2004）采用分支定界法进行资源分配得到资源流网络，他们只针对单资源约束的问题，其目标函数是最小化由于项目任务不确定性而产生的惩罚成本。Policella（2005）[另见 Policella 等（2004）]提出了一个算法，通过已有的满足资源和紧前关系的基准调度计划来构建链偏序时间表（POS），找到资源流网络。Deblaere 等（2007）提出了 3 个基于整数规划的资源分配启发式算法（MinEA、MaxPF 和 MinED）和 MABO（myopic activity-based optimization）资源流网络算法，以减少活动任务的不确定性对基准调度计划的影响。这 3 个启发式算法有不同目标函数：MinEA 启发式算法是为了最小化由于资源分配而需要额外增加的直接的紧前关系的数量；MaxPF 启发式算法是为了最大化项目任务之间成对出现的浮动数总和；MinED 启发式算法是为了最小化项目任务的实际执行时刻与计划执行时刻的偏差期望值。MABO 算法尝试构建资源流网络以尽量最小化项目的惩罚成本。

目前，国外在资源流网络研究上存在的不足主要表现在：①关于资源流网络的研究非常少，主要集中在如何生成资源流网络的算法，而这些算法主要是针对单项目、单模式资源约束问题。②国内还没有资源流网络应用方面的研究。而鲁棒性资源配置法则是通过基准调度计划中资源流动来固定任务执行的先后顺序，从而达到增强项目鲁棒性的目的，此方法在任务工期不确定性较低的情况下是非常有效的。

5.2 资源流网络法

资源流网络是描述在基准调度计划中，如何将项目的可更新资源从一个任务节点传输到另一个任务节点。它与原始的项目网络图一样，含有相同的节点。除了含有原始的紧前关系弧外，它还含有从第 i 个任务节点到第 j 个任务节点的资源弧，即表示如果存在第 k 种类型的资源从任务节点 i 传输到任务节点 j，那么其传输的资源数为 f_{ijk}。本书研究的 DTRTP 问题仅含有单一的资源类型，所以没有必要考虑 k 种资源类型。假设所有从虚拟开始节点的资源流总和与所有进入虚拟尾节点的资源流总和相等，并且也刚好等于项目的可用资源量 a，用公式表示为 $\sum_{i \in N} f_{0i} = \sum_{i \in N} f_{in} = a$。对于任意非虚拟任务节点 i，其所有进入该节点的资源流总和应该与所有流出该任务节点的资源流总和相等，并且等于该节点的所需资源数 r_{im}，任务节点 i 的资源流约束为 $\sum_{j \in N} f_{ji} = \sum_{j \in N} f_{ij} = r_{im}, \forall i \in N \setminus \{0, n\}$。

以 4.4 节示例为例（见图 4.18），图 5.1 表示表 4.11 中关于第六种模式组合对应的最优基准调度计划下的一个可行资源流网络。图 5.1（a）是可行资源流网络的网络图表示法，图 5.1（b）是可行资源流网络的资源图表示法。在图 5.1（a）中，实线弧表示项目本身存在的紧前关系，虚线弧表示后来额外加入的表示紧前关系的资源流约束；弧 (i,j) 上的数字表示资源流从任务节点 i 流向任务节点 j 的资源数，于是会得到非零的资源流：$f_{0,1} = 10$，$f_{1,3} = 10$，$f_{3,2} = 7$，$f_{3,4} = 3$，$f_{2,5} = 7$，$f_{5,6} = 4$，$f_{5,9} = 3$，$f_{4,7} = 3$，$f_{6,7} = 4$，$f_{7,8} = 2$，$f_{7,10} = 5$，$f_{8,11} = 2$，$f_{9,11} = 3$，$f_{10,11} = 5$。图 5.1（b）包含的信息和图 5.1（a）一致，只是采用不同的表现形式。此外，对于这个最优基准调度计划，我们会发现资源是非常紧凑的，并且只有一个可行的资源流网络。然而对于其他的调度计划，就可能会有许多不同的可行资源流网络（在图 5.2 中说明此类情况）。

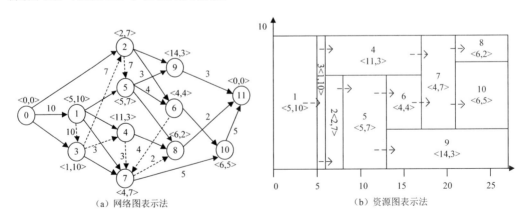

（a）网络图表示法　　　　　（b）资源图表示法

图 5.1　第六种模式组合对应的最优调度计划下的一个可行资源流网络

从 5.1 节文献综述可知，可以采用多种不同的算法求得资源流网络。我们采用 Artigues 等（2003）的资源流网络算法（Artigues 算法）和 Deblaere 等（2007）的 MABO 资源流网络算法（MABO 算法）。从众多算法中选取这两个算法的主要原因是 Artigues 算法能够较快地产生一个可行的资源流网络，而且此算法简单易行；而 MABO 算法是为了试图构建鲁棒性网络资源流的算法，它每次都考虑项目任务的惩罚因子，并采用最好的方式在一个任务节点和前一个刚完成的任务节点之间传输资源。此算法已被证明是一个在最小化惩罚成本的情况下获得资源流网络非常好的算法（Deblaere et al., 2007）。下面详细描述在 DTRTP 环境下不考虑 k 种资源，仅考虑唯一资源的这两种算法。

5.2.1　Artigues 算法

Artigues 算法是 Artigues 等（2003）提出的一个简单易行的，通过并行计划生成资源流网络的算法。初始资源流是从初始基准调度计划得到的，首任务资源流 f_{0n} 初始值为可用资源量 a，而其他资源流为 0。将 δ 定义为对应各个任务开始时刻的时刻集，即 $t \in \delta, \ if \ \exists j \in N : t = s_j$。此可行资源流网络算法见表 5.1。

表 5.1　Artigues 资源流网络算法

```
for increasing  t  in  δ  do
    for  j = 1  to  (n−1) do
        if  (s_j == t)   then
            req = r_jm ;
            i = 0 ;
            while  (req > 0)   do
                if  (s_i + d_im ⩽ s_j)   then
                    q = min(req; flow_in) ;
                    req = req − q ;
                    flow_in = flow_in − q ;
                    flow_ij = flow_ij + q ;
                    flow_jn = flow_jn + q ;
                i = i + 1;
```

从图 5.1 可以看出对于第六种模式组合所对应的最优基准调度计划仅存在一个可行的资源流网络。为了说明可能存在不同的资源流网络，同样采用不同的算法可能得到不同的资源流网络。因此，我们选取另外一个最优基准调度计划（第五种模式组合对应的最优基准调度计划）来生成资源流网络。

图 5.2 表示采用 Artigues 算法得到的关于第五种模式组合对应的最优基准调度计划所对应的资源流网络。从基准调度计划，我们很容易通过 Artigues 算法得到非零的资源流：$f_{0,1}=10$，$f_{1,2}=3$，$f_{1,5}=7$，$f_{2,4}=3$，$f_{5,3}=1$，$f_{5,4}=1$，$f_{5,6}=2$，$f_{5,9}=3$，$f_{4,8}=4$，$f_{6,8}=2$，$f_{3,7}=1$，$f_{8,7}=6$，$f_{7,10}=7$，$f_{9,10}=3$，$f_{10,11}=10$。图 5.2（a）和（b）分别从网络和资源两种表示方式来表示资源流网络。

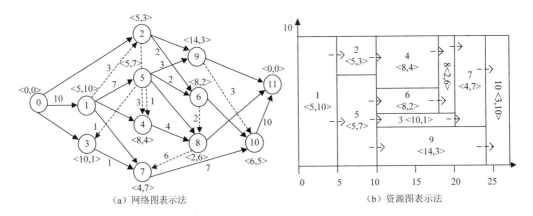

（a）网络图表示法　　　　　　　（b）资源图表示法

图 5.2　采用 Artigues 算法得到第五种模式组合
对应的最优调度计划的资源流网络

5.2.2　MABO 算法

MABO 算法是由 Deblaere 等（2007）提出的。这个算法是局部寻求最优的资源分配，而不是将所有任务节点都考虑进来。与其他已出现的资源流网络算法相比，MABO 算法是基于任务节点而非基于资源的算法。MABO 算法关于每个任务节点的实施包含 3 个步骤：第一步检查当前任务的紧前任务是否释放足够的资源用以满足当前任务；第二步在第一步没有分配足够资源的情况下，试图找到额外资源并分配给当前任务，因此需要添加新的紧前约束关系（资源约束弧）；第三步定义资源流 f_{ij} 是从紧前任务节点 i 流向任务节点 j。MABO 资源流网络算法的详细步骤见表 5.2。下面首先介绍在阐述算法时需要用到的一些符号：A_R 表示资源弧集合（set of resource arcs），A_U 表示不可避免弧集合（set of unavoidable arcs），从虚拟开始任务节点流出的资源数 $alloc_0$ 初始化等于可用资源量 a，即 $alloc_0 = a$。

表 5.2　MABO 资源流网络算法

Initialize: $A_R = A_U$ and $alloc_0 = a$

For each activity $i \in N \setminus \{0, N\}$, calculate the estimated stability cost contribution ec_i

Sort the project activities by increasing s_j (tie-break: decreasing c_i)

For every activity j in the sorted list

　1. Calculate $Avail_j(A \cup A_R) = \sum_{\forall i : (i,j) \in A \cup A_R} alloc_i$

　2. If $Avail_j(A \cup A_R) < r_{jm}$

　　　2.1 Define the set of arcs H_j with $(h,j) \in H_j \Leftrightarrow$

　　　　　$(h,j) \notin A \cup A_R$

　　　　　$s_h + d_{hm} \leq s_j$

　　　　　$alloc_h > 0$

　　　2.2 Determine all minimal subsets $H_j^1, H_j^2, \cdots, H_j^q \subseteq H_j$ such that

　　　　　$Avail_j(A \cup A_R \cup H_j^i) \geq r_{jm}, i = 1, 2, \cdots, q$

　　　2.3 Identify the subset $H_j^* \in \{H_j^1, H_j^2, \cdots, H_j^q\}$ such that stability _ cos $t(A \bigcup A_R \bigcup H_i^*)$ is minimized

　　2.4 Add H_i^* to A_R

3. Allocate resource flows f_{ij} to the arcs $(i, j) \in (A \bigcup A_R)$:

　　3.1 Sort predecessors i of j by:

　　　　Increasing number of successors l of i with $s_l > s_j$ and $r_{lm} > 0$

　　　　Tie-break 1: Decreasing finish times $s_i + d_{im}$

　　　　Tie-break 2: Decreasing variance σ_i^2 of d_{im}

　　　　Exception: Activity 0 is always put last in the list

　　3.2 While $alloc_i < r_{jm}$

　　　　Take next activity i from the list

　　　　$f_{ij} = \min(alloc_i, r_{jm} - alloc_j)$

　　　　Add f_{ij} to $alloc_j$

　　　　Subtract f_{ij} from $alloc_i$

　　从第五种模式组合所对应的最优基准调度计划，很容易得到一些非零的不可避免的资源流：$f_{0,1}$=10，$f_{1,2}$=3，$f_{1,5}$=7，$f_{5,4}$=1，$f_{4,8}$=4，$f_{6,8}$=2，$f_{3,7}$=1，$f_{8,7}$=7，$f_{9,10}$=3，$f_{7,10}$=7，$f_{10,11}$=10。这些弧{(0,1), (1,2), (1,5), (5,4), (4,8), (6,8), (3,7), (9,10), (8,7), (7,10), (10,11)}被称为不可避免弧（Deblaere et al., 2007）。

　　在这个例子中，需要确定资源流如何从并行任务 2 和任务 5 传输到并行任务 3、任务 4、任务 6 和任务 9。这存在许多不同的途径，以任务 3 为例，存在两个可行任务 2 和任务 5 将 1 单位的资源传输到任务 3。通过模拟仿真，得到任务节点 3 的子集{(2, 3)}和{(5, 3)}具有相同的惩罚成本，所以 MABO 算法任意选取第一个子集{(2, 3)}。图 5.3 表示采用 MABO 算法得到的关于第五种模式组合对应的最优基准调度计划（图 5.2）所对应的资源流网络，包括网络表示图和资源计划表示图。显然，我们能清楚地看到 MABO 算法得到的资源流网络（图 5.3）和 Artigues 算法得到的资源流网络（图 5.2）是截然不同的。

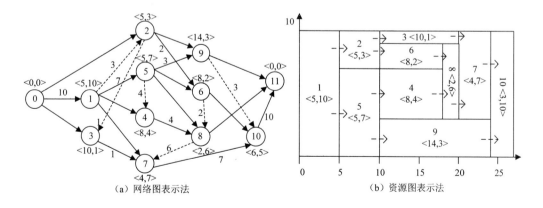

（a）网络图表示法　　　　　　　　　　（b）资源图表示法

图 5.3　采用 MABO 算法得到第五种模式组合对应的最优调度计划的资源流网络

5.3 基于资源流网络或优先级的调度策略
仿真实验的设计与执行

在第4章中，模拟仿真一显示时刻表策略适合嵌套较小的接驳缓冲区（0~10%）。对于模拟仿真二，当同时考虑四种绩效评价指标时，建议采用时刻表策略或接力赛策略分别嵌套开始时刻或者第一关键链。因此，在本节的模拟实验中，将保留上章模拟实验结论，选取开始时刻优先级和接驳缓冲区为10%的非关键链长度的第一关键链优先级，分别嵌套到接力赛策略和时刻表策略中。另外，还引进资源流网络法，通过模拟仿真对它们进行比较，并分析资源流网络及优先级对接力赛策略与时刻表策略的影响。本节继续采用第4章建立的绩效评价指标体系，即项目平均工期（APL）、项目工期方差（SDPL）、项目即时完工率（TPCP）和项目惩罚成本（SC）4个绩效评价指标。项目即时完工率中设置的交货期仍然为最优项目工期长度的120%。本章进行模拟仿真使用的参数见表5.3。

表 5.3 模拟仿真的控制参数

控制参数	值	控制参数	值或函数
任务节点数（包含虚拟任务节点）	12,32	项目平均工期(APL)	$APL = \dfrac{\sum_{t=1}^{N} s_{nt}}{N}$
资源类型	1	项目工期方差(SDPL)	$SDPL = \sqrt{\dfrac{\sum_{t=1}^{N}(s_{nt}-APL)^2}{N-1}}$
可用资源量	10,15,20	项目即时完工率(TPCP)	$TPCP = P(s_{nt} \leqslant duedate)$
工作量均值（μ_i）	$U[10,50]$	项目惩罚成本(SC)	$SC = \dfrac{\sum_{t=1}^{N}\sum_{i=1}^{n} w_i |s_{it}-s_i|}{N}$
工作量方差（σ_i）	$U[1,5]$	虚拟开始任务节点惩罚因子	0
工作量	$N(\mu_i,\sigma_i)$	非虚拟任务节点惩罚因子	$P(w_i=q)=(21-2q)\%$ $q \in \{1,2,\cdots,10\}$
交货期	$s_n^{\min} \times 1.2$	虚拟尾任务节点惩罚因子	0（交货期之前完成任务的惩罚因子）
			38（交货期后完成项目的惩罚因子）
仿真次数（N）	1000	基准调度计划	最优基准调度计划（改进分支定界法）
			可行的较好的基准调度计划（禁忌算法）

注：s_{nt}——虚拟尾任务在第 t 次模拟仿真时的开始执行时刻，即项目完工时间；s_i——任务节点 i 计划开始时间；s_{it}——任务节点 i 在第 t 次模拟仿真时开始执行时刻。

本章分别选取两个问题集进行模拟仿真，一个是代表小规模问题的任务节点为 12 的问题；另一个是代表大规模问题的任务节点为32的问题。它们的网络结构都来自著名的 PSPLIB 标准问题库（Kolisch et al., 1996）。小规模问题集的获取方法和第4章一样，在多模式资源约束问题集（MRCPSP）任务节点为 12 的例子中任意选取 100 个项目问题；大规模问题集是从资源约束问题集（RCPSP）任务节点为 32 的例子中任意选取 100 个项目问题。所有的项目问题集的可用资源量分别为 10、15 和 20。各个项目的任务节点的工作量的均值和方差分别来自均匀分布[10,50]和[1,5]。同样地，我们假定项目任务 i 的工作量是随机的，并且服从期望为 μ_i、方差为 σ_i 的正态分布（选择正态分布是根据中间极限定理：当模拟次数足够多时，任务节点的工作量偏离某一期望值，近似服从正态分布）。然而，当方差 σ_i 非常大，而期望 μ_i 相对较小的时候，将有可能生成负的工作量。在模拟仿真过程中，当从正态分布得到的工作量为负的时候，我们设定其为 0，即这个任务不需要执行。在整个模拟仿真中，一共出现了 1196 次这种情况，其中 360 次是出现在小规模问题集中，836 次出现在大规模问题集中。这两个问题集都分别含有 100 个问题，而问题集中问题分别有 12 个和 32 个任务节点（不包含虚拟节点），并执行 1000 次模拟仿真。因此，每次每个任务节点在每次仿真时出现这种情况的概率分别为 0.036%和 0.028%。

对于有 12 个任务节点的小规模问题，与第 4 章一样，采用改进的分支定界法求得项目所有的最优调度计划。然而，对于有 32 个的任务节点的大规模问题，由于 DTRTP 问题的模式组合的复杂度为 $O(|M|^n)$，其中|M|表示能分配给各任务节点的最大有效模式数，n 表示项目任务节点（不包括虚拟节点）。因此，此类大规模问题不可能采用改进分支定界法在有效的时间内找到所有的最优解，考虑采用 De Reyck 等（1998）的禁忌算法在 30 分钟内求得项目的可行最优解。同样地，对于此类问题，项目的调度计划中的资源也是非常紧凑的。

5.4　基于资源流网络或优先级的调度策略仿真结果

本节分别展示任务节点为 12、可用资源量为 10 的小规模问题的模拟仿真结果（见图 5.4～图 5.7）和任务节点为 32、可用资源量为 10 的大规模问题的模拟仿真结果（见图 5.8～图 5.11）。不论是小规模问题还是大规模问题，可用资源量分别为 15 和 20 的模拟仿真结果与可用资源量为 10 的模拟仿真结果都非常相似，本节不再一一展示。所有模拟仿真结果的数据在 5.5 节和 5.6 节中通过构建混合模型来进行统计分析。

5.4.1　模拟仿真结果一：小规模问题的仿真结果

本节通过图形的方式更直观地说明资源流网络对接力赛策略与时刻表策略的影响。图 5.4～图 5.7 中的曲线是根据接力赛策略和时刻表策略对小规模问题（可用资源量为 10、任务节点为 12 的问题集）进行模拟仿真得到的结果，其中 RR 表示接力赛策略，RW 表示时刻表策略。数字 1 表示按照开始时刻优先级，数字 2 表示接驳缓冲区为 10%的非关键链长度，称之为第一关键链优先级，数字 3 表示 Artigues 等的资源流网络法，数字 4 则表示 MABO 资源流网络法。例如，RR1 表示基于开始时刻优先级的接力赛策略。对于每一个组合，显示 100 个问题的最小值、平均值和最大值。

从图 5.4～图 5.7 中，可得出结论，当考虑所有绩效评价指标时，RR1 和 RR2 策略在所有策略中表现最差。然而，对于其他 6 种策略，从图中可以发现平均值是非常相近的，很难说哪一种较优。于是，我们打算采用假设检验来进一步分析模拟仿真结果。相关分析见 5.5 节和 5.6 节。

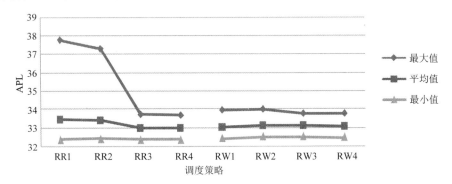

图 5.4   小规模问题两种调度策略 APL 的比较图

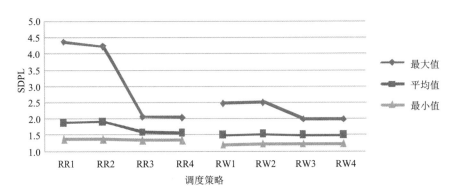

图 5.5   小规模问题两种调度策略 SDPL 的比较图

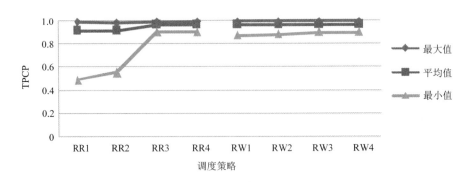

图 5.6   小规模问题两种调度策略 TPCP 的比较图

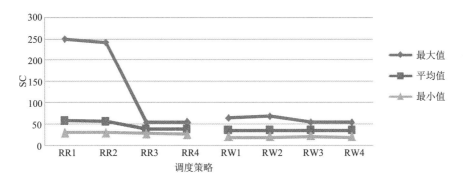

图 5.7　小规模问题两种调度策略 SC 的比较图

5.4.2　模拟仿真结果二：大规模问题的仿真结果

图 5.8～图 5.11 显示了大规模问题（可用资源量为 10，任务节点为 32 的问题集）根据接力赛策略和时刻表策略进行模拟仿真得到的结果。图 5.8～图 5.11 显示的结果与图 5.4～图 5.7 显示的结果非常相似。因此，同样能得出结论，当考虑所有绩效评价指标时，RR1 和 RR2 策略比其他 6 种策略要差。我们仅通过图形很难判断其他 6 种策略中哪种较好。因此，拟采用假设检验来进一步分析模拟仿真结果，详见 5.5 节和 5.6 节。

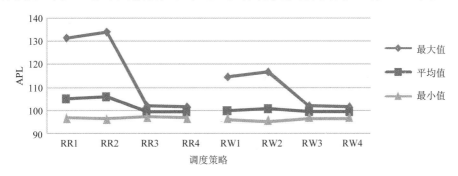

图 5.8　大规模问题两种调度策略 APL 的比较图

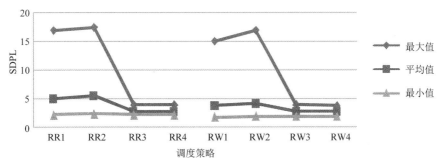

图 5.9　大规模问题两种调度策略 SDPL 的比较图

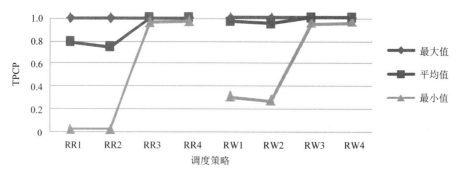

图 5.10　大规模问题两种调度策略 TPCP 的比较图

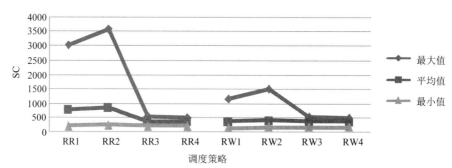

图 5.11　大规模问题两种调度策略 SC 的比较图

5.5　Mixed 模型的建立及其分析

模拟仿真得到的数据结构图见图 5.12，在该图中存在 4 个层次，分别用大写字母 POLICY、APPROACH、PR 和 ID 表示。其中 POLICY 层包含两个基本的调度策略，即接力赛策略和时刻表策略，APPROACH 层包含优先级别和资源流网络。这两个层次是相互交叉的，所以会生成以下 4 个区域，如图 5.12 所示。

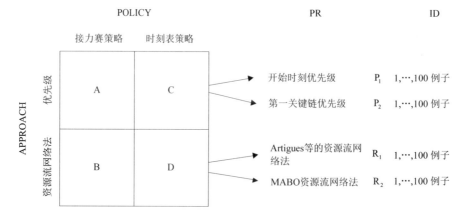

图 5.12　模拟仿真结果数据结构图

（1）区域 A：接力赛策略+优先级（基于优先级的接力赛策略）。

（2）区域 B：接力赛策略+资源流网络（基于资源流网络的接力赛策略）。

（3）区域 C：时刻表策略+优先级（基于优先级的时刻表策略）。

（4）区域 D：时刻表策略+资源流网络（基于资源流网络的时刻表策略）。

PR 层嵌套在 APPROACH 层，其中 P 表示优先级，包括开始时刻优先级（P_1）和第一关键链优先级（P_2），R 表示资源流网络法，包括 Artigues 算法（R_1）和 MABO 算法（R_2），ID 层包括 100 个项目问题。

因此，我们可以得到多层次混合模型：

$$Y_{ijkl} = \mu + \alpha_i + \beta_j + (\alpha\beta)_{ij} + \tau_{k(ij)} + \varepsilon_{ijkl}, \quad i=1,2; j=1,2; k=1,2; l=1,2,\cdots,100$$

其中，Y_{ijkl} 是因变量，表示绩效评价指标；μ 是总体均值；α_i，β_j 和 $(\alpha\beta)_{ij}$ 分别表示 POLICY、APPROACH 和 POLICY*APPROACH 的固定效应（fixed effects）；$\tau_{k(ij)}$ 表示从第 i 个 POLICY 中的第 j 个 APPROACH 选取第 k 个的固定效应；ε_{ijkl} 是误差项，假设其服从正态分布 $N(0,\sigma_\varepsilon^2)$。表 5.4 表示关于项目工期均值的 SAS PROC GLM 命令程序。关于其他 3 个绩效指标的 SAS PROC GLM 命令程序和此命令程序非常相似，唯一的区别就是更改了因变量和数据，在此不一一表示出来。此外，值得注意的是我们设定 0.05 的显著水平。

表 5.4　关于 APL 绩效评价指标的 SAS PROC GLM 命令程序

```
proc glm cl;
class POLICY APPROACH PR ID;
model APL= POLICY   APPROACH   POLICY*APPROACH   PR (APPROACH)   ID;
random ID;
lsmeans POLICY   APPROACH   POLICY*APPROACH   PR (APPROACH);
lsmeans POLICY   APPROACH   POLICY*APPROACH   PR (APPROACH)/pdiff;
run;
```

5.5.1　可用资源量为 10 的小规模问题的 SAS 输出结果

在本小节中，首先执行 SAS PROC GLM 命令，然后分析可用资源量为 10 的小规模问题的 SAS 输出结果。关于项目工期均值（APL）这一评价指标的 SAS 输出结果分别见表 5.5～表 5.7。

表 5.5　总体统计信息表

	DF	Sum of Squares	Mean Square	F-Value	Pr >F
Model	104	11599.57546	111.53438	586.96	<.0001
Error	695	132.06317	0.19002		
Corrected Total	799	11731.63863			

R-square	Coeff Var	Root MSE	APL Mean
0.988743	1.314748	0.435912	33.15554

续表

Source	DF	Type ISS	Mean Square	F-Value	Pr > F
Policy	1	2.99017	2.99017	15.74	<.0001
Approach	1	9.82632	9.82632	51.71	<.0001
Policy*Approach	1	10.01600	10.01600	52.71	<.0001
PR(Approach)	2	0.09642	0.09642	0.51	0.6023
ID	99	11576.55012	116.93485	615.39	<.0001

表 5.6　最小二乘表

Policy/Approach				Policy*Approach				PR(Approach)		
Policy	Approach	LSMEAN		Policy	Approach	LSMEAN		Approach	PR	LSMEAN
1	·	33.2167	A	1	1	33.4394	P_1	1	1	33.2513
2		33.0944	B	1	2	32.9940	P_2	1	2	33.2814
	1	33.2664	C	2	1	33.0933	R_1	2	1	33.0607
	2	33.0447	D	2	2	33.0955	R_2	2	2	33.0287

表 5.7　最小二乘差异表

Least Squares Means for effect Policy*Approach Pr > |t| for H_0: LSMean(i)=LSMean(j)					Least Squares Means for effect PR(Approach) Pr >|t| for H_0: LSMean(i)=LSMean(j)				
i / j	A	B	C	D	i / j	P_1	P_2	R_1	R_2
A		<.0001	<.0001	<.0001	P_1		0.4905	<.0001	<.0001
B	<.0001		0.0229	0.0202	P_2	0.4905		<.0001	<.0001
C	<.0001	0.0229		0.9611	R_1	<.0001	<.0001		0.4631
D	<.0001	0.0202	0.9611		R_2	<.0001	<.0001	0.4631	

　　表 5.5 中的 R 值为 0.988743（非常大，接近 1），明显说明建立的多层次混合模型是非常好的。固定效应 POLICY、APPROACH 和 POLICY*APPROACH 的 P 值都比 0.0001 小，所以我们拒绝假设（null hypotheses）：$\mu_{\text{roadrunner scheduling}} = \mu_{\text{railway scheduling}}$，$\mu_{\text{priority list}} = \mu_{\text{resource flow networks}}$ 和 $\mu_A - \mu_B = \mu_C - \mu_D$。换句话说，对于 APL 而言，接力赛策略与时刻表策略有显著差别，优先级别与资源流网络法也有显著差别，POLICY* APPROACH 也存在显著差别。

　　从表 5.7 左边部分可以知道区域 A 和区域 B，区域 A 和区域 C，区域 A 和区域 D，区域 B 和区域 C，区域 B 和区域 D 存在显著差别（P 值低于 5%），而区域 C 和区域 D 在 5% 的显著水平下，是不存在显著差别的（P 值为 0.9611，大于 5%）。与表 5.6 一起，归纳 $\mu_B < \mu_C = \mu_D < \mu_A$（"="表示没有显著差别，"B<C"表示区域 B 的均值显著比区域 C 的均值要小），在 5.5.2 节表 5.8 中以 B<C=D<A 表示（可用资源量为 10，任务节点为 12，绩效指标 APL）。此外，值得注意的是，因为采用的是双边假设检验，所以当存在显著差别时，表 5.6 的 LSMEAN 值能清楚地说明哪种策略比较好。

表 5.6 中 PR（APPROACH）的 P 值为 0.6023，由于此值大于 0.05，我们不能拒绝假设 $\mu_{P_1} = \mu_{P_2}$，$\mu_{R_1} = \mu_{R_2}$，也就是说优先级不存在显著差别，资源流网络也不存在显著差别。在可用资源量为 10 的情况下，PR (APPROACH)是不存在显著差别的。然而在其他情况下（可用资源量为 15 或 20 的任务节点为 12 的项目，任务节点为 32 的项目），PR (APPROACH)是存在显著差别的。如果将表 5.6 和表 5.7 联合起来看，很容易分辨出哪种 PR 更好。表 5.7 右侧说明 P_1 与 P_2 不存在显著差别，R_1 与 R_2 不存在显著差别；而 P_1 与 R_1、P_1 与 R_2、P_2 与 R_1、P_2 与 R_2 分别存在显著差别。表 5.6 可以看出采用资源流网络法能得到较短的项目工期。将表 5.6 和表 5.7 综合起来，可以得出以下关系：$R_2 = R_1 < P_1 = P_2$（这个关系是按照 APL 均值的大小顺序以及 P 值显示的关系来进行排序的）。这种关系表示也将用于 5.5.2 节关于所有的 SAS 输出结果的归纳。

5.5.2　SAS 输出结果归纳

由于一共有 6 个问题集（2 个不同任务节点的网络结构图集，3 个不同层次的可用资源量），4 个绩效评价指标，因此可得到大量的 SAS 输出结果。在此不一一展示和阐述，详见附录 C。从所有的 SAS 输出结果可以看出，时刻表策略与接力赛策略是存在显著差别的。此外，优先级与资源流网络之间也存在显著差别。所以对于小规模问题或大规模问题，都可以得出结论，基于资源流网络法的调度策略始终要比基于优先级的调度策略要好。对于所有问题集的所有绩效评价指标，关于 POLICY 和 APPROACH 的相互影响及 PR（APPROACH）的 SAS 输出结果见表 5.8。5.6 节将进一步归纳 SAS 模型关于小规模问题和大规模问题的结论，并重点分析 POLICY 和 APPROACH 之间的相互影响。

表 5.8　SAS 输出结构归纳表

任务节点数	绩效指标	可用资源量			可用资源量		
		10	15	20	10	15	20
12	APL	B<C=D<A	B=D=C<A	B=D=C<A (B<C)	$R_2=R_1<P_1=P_2$	$R_2=R_1<P_1=P_2$	$R_2=R_1<P_1<P_2$
	SDPL	D=C<B<A	D=B=C<A	D=B=C<A (D<C)	$R_2=R_1<P_1=P_2$	$R_2=R_1<P_1=P_2$	$R_2=R_1<P_1<P_2$
	TPCP	B=C=D>A	C=B=D>A	C>B=D>A	$R_2=R_1>P_1=P_2$	$R_2=R_1>P_1=P_2$	$R_2>R_1>P_1>P_2$
	SC	C=D=B<A	C=D=B<A	C=D=B<A	$R_2=R_1<P_1=P_2$	$R_2=R_1<P_1=P_2$	$R_2=R_1<P_1<P_2$
32	APL	B<D<C<A	B=D<C<A	B=D<C<A	$R_2<R_1<P_1<P_2$	$R_2<R_1<P_1<P_2$	$R_2<R_1<P_1<P_2$
	SDPL	D=B<C<A	D=B<C<A	D=B<C<A	$R_2<R_1<P_1<P_2$	$R_2<R_1<P_1<P_2$	$R_2<R_1<P_1<P_2$
	TPCP	B=D>C>A	D=B>C>A	D=B>C>A	$R_2=R_1>P_1>P_2$	$R_1=R_2>P_1>P_2$	$R_2>R_1>P_1>P_2$
	SC	B=D<C<A	B=D<C<A	B=D<C<A	$R_2<R_1<P_1<P_2$	$R_2<R_1<P_1<P_2$	$R_2<R_1<P_1<P_2$

5.6 Mixed 模型结论

5.6.1 小规模问题的结论

小规模问题的 SAS 输出结果归纳见表 5.8（12 个任务节点，可用资源量为 10、15、20），可总结出关于各个绩效评价指标的相互影响矩阵图，见图 5.13～图 5.16。

在各个相互影响矩阵图中，我们可以看到 A、B、C、D 4 个区域，在中间的对称线上的数学符号表示相邻的两个区域之间的关系。区域 A 左上侧的符号表示区域 A 与区域 D 之间的关系，区域 B 左下侧的符号表示区域 B 与区域 C 之间的关系。值得注意的是，在相互影响矩阵图中的 ">" 表示 "明显优于"（对于 APL 表示更短，对于 SDPL 表示更小，对于 TPCP 表示更高，对于 SC 则表示更少），"=" 表示无明显好坏差别，而 "≥" 表示 "稍微优于"，符号旁边括号中的数字表示 "优于" 的概率，是根据可用资源量得出的。例如，图 5.13 中 B 区域左下侧的数字 "2/3"，表示对于小规模问题 3 个不同层次的可用资源量（10，15 和 20），显著比较过程中，发现区域 B 有 2 次要优于 C，1 次与 C 无明显差别，因此，B 优于 C 的概率为 "2/3"。

图 5.13 是关于项目工期均值的相互影响矩阵图，该图显示区域 A 明显要优于区域 B、C 和 D，而区域 B 分别以 1/3 概率差于区域 C，以 2/3 概率差于 D，区域 C 与区域 D 之间不存在显著好坏之分。因此得出结论，对于项目工期均值（APL），采用策略 B 要比 A、C、D 策略好（在各个相互影响矩阵图中，最优策略用圆圈圈起来以示区分）。采用同样的方法，可以归纳出其他 3 个绩效指标的结论，对于项目工期方差（SDPL），采用策略 D 要比其他 3 种策略好（图 5.14）；对于项目即时完工率（TPCP），采用策略 C 要比其他 3 个策略好（图 5.15）；对于项目惩罚成本（SC），则可以采用策略 B、C

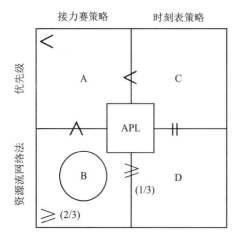

图 5.13 小规模问题 APL 相互影响矩阵图

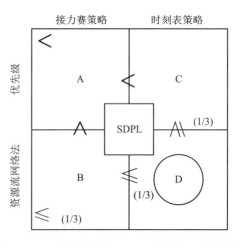

图 5.14 小规模问题 SDPL 相互影响矩阵图

或 D（图 5.16）。综合考虑这 4 个绩效评价指标，我们无法指出哪一种策略最好。因此，对于此类小规模问题，项目决策者在实际调度项目过程中，可以根据自身对项目的偏好，来执行相应的策略。

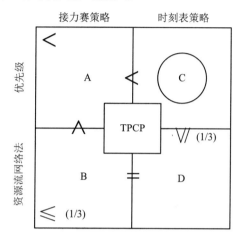

图 5.15　小规模问题 TPCP 相互影响矩阵图

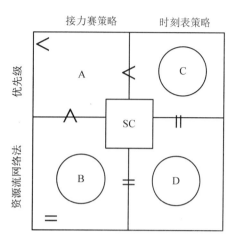

图 5.16　小规模问题 SC 相互影响矩阵图

5.6.2　大规模问题的结论

同样，从关于大规模问题的 SAS 输出结果归纳出的表 5.8 中（32 个任务节点，可用资源量为 10、15、20），我们总结出关于大规模问题的各个绩效评价指标的相互影响矩阵图，见图 5.17～图 5.20。大规模问题的相互影响矩阵图（图 5.17～图 5.20）与小规模问题的相互影响矩阵图（图 5.13～图 5.16）是非常不一样的。除了 B 和 D 之间不存在显著关系之外（对于 APL，B 稍微比 D 要好些；对于 SDPL、TPCP 和 SC，B 和 D 之间不存在显著好坏之分），其他所有区域之间存在显著差别。可以得出结论，当考虑项目工期均值（APL）时，采用策略 B 比其他 3 种策略要好；当考虑项目工期方

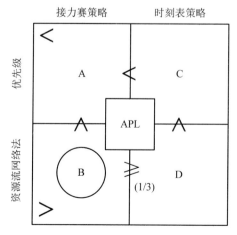

图 5.17　大规模问题 APL 相互影响矩阵图

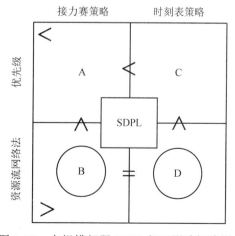

图 5.18　大规模问题 SDPL 相互影响矩阵图

差（SDPL）、项目即时完工率（TPCP）和惩罚成本（SC）时，采用 B 或 C 明显比其他两种策略要好。

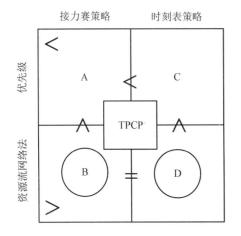

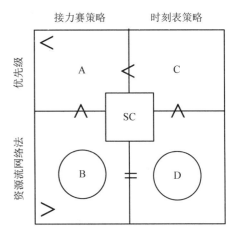

图 5.19 大规模问题 TPCP 相互影响矩阵图 　　图 5.20 大规模问题 SC 相互影响矩阵图

5.7　本　章　小　结

本章是在第 4 章的基础上，引进资源流网络的思想，设计模拟试验来研究资源流网络和优先级分别对接力赛策略和时刻表策略的相互影响。通过模拟仿真，可得出结论，在这种随机 DTRTP 环境下，考虑所有的绩效评价指标时，开始时刻和第一关键链嵌套在接力赛策略时会得到最差的结果；接力赛策略和时刻表策略分别嵌套两种资源流网络法得到的平均值和嵌套开始时刻和第一关键链得到的平均值是非常相近的。由于它们之间的差别在图中显示不是很明显，采用 SAS PROC GLM 来拟合多层次模型（multi-level model），并详细分析策略之间的相互影响。统计分析的结果显示在较小规模的项目环境下（12 任务节点的项目），策略的选择很大程度上取决于绩效指标的偏好，如果为了使项目工期均值（APL）最短，则应采用嵌套资源流网络的接力赛策略；如果为了使项目工期方差（SDPL）最小，则应采用嵌套资源流网络的时刻表策略；如果为了使项目即时完工率（TPCP）最高，则应采用嵌套优先级别的时刻表策略；如果为了使项目惩罚成本（SC）最小，则应采用除了嵌套优先级别的接力赛策略以外的策略。在较大规模的项目环境下（32 个任务节点的项目），综合考虑所有绩效评价指标，嵌套资源流网络法的接力赛策略相对较优。此外，SAS 结果显示时刻表策略比接力赛策略要好，主要是因为在考虑优先级或者资源流网络时，时刻表策略要更稳健些。正如我们所看到的，由于资源流网络的产生来源于项目的基准调度计划，模拟仿真的结果在很大程度上依赖项目的基准调度计划。此外，还可以通过其他许多不同的算法获得资源流网络，所以除了本书采用的算法外，还可以嵌套使用其他算法。

第6章　工作量不确定环境下的离散时间/
资源权衡问题模式选择策略研究

本章在第 4 章和第 5 章研究基础上，保留较好的调度策略进行仿真，研究工作量不确定环境下的离散时间/资源权衡问题的模式组合选择策略。通过大量特征指标的试验和探测，提炼出计划工期长度和串行度两个特征参数作为衡量指标和准则，通过大量仿真试验分析这两个特征参数对项目平均工期的影响。

6.1　工作量不确定环境下的离散时间/资源权衡问题
模式选择策略仿真框架

6.1.1　绩效评价指标

项目平均工期最短情况下离散时间/资源权衡问题最优执行模式选择策略研究是研究离散时间/资源权衡问题，以项目平均工期最短为目标，在众多候选执行模式中找出最优执行模式。选择第 4 章的项目平均工期 APL 作为绩效衡量指标，是指在满足紧前关系和资源约束的情况下，完成项目的平均工期。其函数 $APL = \dfrac{\sum_{t=1}^{N} S_{nt}}{N}$，其中 S_{nt} 表示项目尾任务节点（虚拟任务）在第 t 次模拟仿真时的开始执行时间，即项目完成时间，N 表示模拟仿真执行的次数，项目平均工期越短越好。

6.1.2　特征参数

通过大量特征参数的试验和探测，最终提炼出代表性特征参数：

（1）项目计划工期（planed project length，PPL）：是指在基准调度计划中项目完工工期，即尾任务节点执行时刻。

（2）串行度（average paralle orders，APO）：是指基准调度计划中，同时执行任务节点平均数量，即 $APO = \dfrac{\sum_{t=1}^{PPL} r_t}{PPL}$，其中 r_t 为时间 t 时刻正在执行的任务数。

实际上，除了以上两个因素，也分析到一些其他的因素但影响不明显，因此在研究中忽略。

6.1.3 问题集构建

采用第 3 章的方法构建测试问题集，具体构建方法如下。

步骤 1：使用 RanGen 软件生成排序强度 OS 为 0.25、0.5 和 0.75，任务节点数为 12 的网络结构各 100 个，那么一共有 300 个网络结构。

步骤 2：对网络结构中的每个任务节点 i 分配一个工作量 μ_i，其值来自均匀分布 [10,50]。

步骤 3：对 300 个网络结构，分别设置资源可用量为 10、15 和 20，这样一共是 $300 \times 3 = 900$ 个 DTRTP 问题（问题集的控制参数见表 6.1）。

在模拟仿真过程中，假设工作量是随机不确定的，服从正态分布 $N(\mu_i, \sigma_i)$，其中 σ_i 表示工作量的方差，来自 4 个不同均匀分布，即[0,1]、[1,3]、[3,5]和[1,5]。

表 6.1 问题集的控制参数

控制参数	参数值
任务节点数(包含虚拟任务节点)	12
任务资源数量	1
排序强度(OS)	0.25, 0.5, 0.75
可用资源量	10, 15, 20
工作量的均值(μ_i)	U[10,50]
工作量的方差(σ_i)	U[0,1] ,U[1,3], U[3,5], U[1,5]
工作量	$N(\mu_i, \sigma_i)$

6.1.4 模拟步骤

我们对构建的 900 个测试问题进行模拟，步骤如下。

步骤 1：计算出每个任务的所有有效执行模式。

步骤 2：采用 Tian 等（2013, 2014）中改进分支定界方法求得所有的最优基准调度计划和次优基准调度计划。

步骤 3：对于每个选定的基准调度，进行 1000 次模拟然后计算 APL。同时也计算出每个基准调度计划的 PPL 值和 APO 值。

步骤 4：对于每个测试问题，采用 SAS PROC CORR 程序中 Spearman correlation（见表 6.2）来检测特征指标与 APL 的相关性。

表 6.2 SAS PROC CORR 程序

```
proc corr data=**    spearman;
var PPL APO;
wth APL;
run;
```

6.2　算　　例

以图 4.18 为例,按照 6.1.4 节步骤进行模拟:

(1) 计算出每个任务所有可能的执行模式。

(2) 运用改进分支定界法得到项目的所有最优基准调度计划(PPL=27)及次优基准调度计划(PPL=28)。表 6.3 和表 6.4 分别给出了备选的执行模式组合,以及 7 个最优基准调度计划和 3 个次优基准调度计划的开始时间(这里并未列举出所有备选的基准调度计划)。

表 6.3　备选的执行模式组合(图 4.18 DTRTP 问题)

备选序号	任务节点模式(<资源需求量,时间>)	PPL
1	<0,0>,<5,10>,<7,2>,<1,10>,<11,3>,<7,5>,<4,4>,<4,7>,<6,2>,<14,3>,<6,5>,<0,0>	27
2	<0,0>,<5,10>,<5,3>,<10,1>,<8,4>,<5,7>,<8,2>,<4,7>,<2,6>,<14,3>,<3,10>,<0,0>	27
3	<0,0>,<5,10>,<7,2>,<5,2>,<4,8>,<6,6>,<8,2>,<14,2>,<2,6>,<7,6>,<3,10>,<0,0>	27
4	<0,0>,<5,10>,<2,7>,<1,10>,<11,3>,<5,7>,<4,4>,<4,7>,<6,2>,<14,3>,<6,5>,<0,0>	27
5	<0,0>,<5,10>,<7,2>,<5,2>,<8,4>,<9,4>,<4,4>,<7,4>,<3,4>,<7,6>,<3,10>,<0,0>	27
6	<0,0>,<5,10>,<7,2>,<1,10>,<11,3>,<7,5>,<4,4>,<4,7>,<3,4>,<7,6>,<3,10>,<0,0>	27
7	<0,0>,<5,10>,<2,7>,<1,10>,<11,3>,<5,7>,<4,4>,<4,7>,<3,4>,<7,6>,<3,10>,<0,0>	27
8	<0,0>,<5,10>,<4,4>,<2,5>,<7,5>,<7,5>,<4,4>,<6,5>,<12,1>,<5,9>,<3,10>,<0,0>	28
9	<0,0>,<5,10>,<7,2>,<5,2>,<8,4>,<9,4>,<3,6>,<7,4>,<3,4>,<5,9>,<3,10>,<0,0>	28
10	<0,0>,<5,10>,<5,3>,<5,2>,<4,8>,<5,7>,<2,8>,<4,7>,<4,3>,<5,9>,<3,10>,<0,0>	28

表 6.4　备选的执行模式组合对应的基准调度计划中各任务的开始时间

备选序号	任务节点 0	任务节点 1	任务节点 2	任务节点 3	任务节点 4	任务节点 5	任务节点 6	任务节点 7	任务节点 8	任务节点 9	任务节点 10	任务节点 11
1	0	0	6	5	6	6	13	17	21	13	21	27
2	0	0	5	10	10	5	10	20	18	10	24	27
3	0	0	9	5	5	9	16	10	15	17	24	27
4	0	0	6	5	6	8	13	17	21	13	21	27
5	0	0	10	5	5	5	20	13	14	17	24	27
6	0	0	10	5	6	10	20	6	17	17	24	27
7	0	0	6	5	6	8	20	13	17	17	24	27
8	0	0	12	12	5	5	16	14	12	20	25	28
9	0	0	10	5	5	5	17	13	14	20	25	28
10	0	0	5	15	17	5	15	21	21	10	25	28

(3) 计算每个基准调度计划的特征参数值(PPL 和 APO)。然后对不同水平的工作量的基准调度计划进行 1000 次模拟,仿真结果见表 6.5,其中备选序号 1~7 分别显示 7 个最优基准调度计划的对应值,备选序号 8~10 分别显示 3 个次优基准调度计划的对应值。

(4) 运用 SAS PROC CORR 程序进行相关性分析,检验 PPL 和 APO 是否与 APL

之间有着强相关性，统计结果见表 6.6。表 6.6 中第 2～3 行分别是对应的 PPL 和 APO 值，2～5 列是 4 个不同水平的工作量。p<0.05 表示选定的特征参数值 PPL 或 APO 和 APL 之间存在强的正相关或负相关。例如，第 2 行第 2 列中相关度（Correlation）值为 0.11365，p<0.0001 表示在工作量方差为[0,1]的情况下，PPL 和 APL 之间存在着强的正相关。

表 6.5   基准调度计划对应的 APL 和 APO 值

备选序号	PPL	APO	APL（模拟仿真 1000 次）			
			U[0, 1]	U[1, 3]	U[3, 5]	U[1, 5]
1	27	5.416667	27.628000	29.698000	31.153999	30.770000
2	27	5.333333	27.364000	29.674999	31.475000	30.291000
3	27	5.083333	27.513000	29.216999	30.612000	29.844999
4	27	4.833333	27.628000	29.521000	30.694000	30.580999
5	27	4.833333	27.566999	29.113001	30.374001	29.677000
6	27	4.333333	27.599001	29.575001	30.802000	30.336000
7	27	3.750000	27.629999	29.594999	30.586000	30.353001
8	28	4.583333	28.254000	29.427000	30.747000	30.680000
9	28	4.583333	28.566999	29.892000	31.076000	30.358000
10	28	3.500000	28.135000	30.226000	31.532000	30.969000

表 6.6   SAS PROC CORR 输出结果

	U[0, 1]	U[1, 3]	U[3, 5]	U[1, 5]
PPL vs APL	Correlation: 0.11365 p-value: < 0.0001	Correlation: 0.07423 p-value: 0.0028	Correlation: 0.04044 p-value: 0.1039	Correlation: 0.04941 p-value: 0.0468
APO vs APL	Correlation:-0.05387 p-value: 0.0302	Correlation: 0.00765 p-value: 0.7583	Correlation: 0.20001 p-value: <0.0001	Correlation: 0.16664 p-value: <0.0001

注：Spearman Correlation Coefficients, N = 1619 Prob > |r| under H0: Rho=0。

6.3   工作量不确定环境下的离散时间/资源权衡问题模式选择策略仿真结果分析

按照 6.1.4 模拟步骤，对 900 个 DTRTP 问题实例进行模拟，然后运用 SAS PROC CORR 程序分析 PPL、APO 和 APL 之间的相关关系。

6.3.1   PPL 和 APL 之间的关系

我们建模运用相关性检验分析 APO 和 APL 之间的相关关系。PPL 与 APL 之间相关性总结见表 6.7。表 6.7 第 1 列表示 9 个不同的问题集，每个问题集又包含 100 个随机构造的 DTRTP 问题实例。例如，问题集 12-0.25-10 里包含 100 个问题实例，这 100

个问题实例的任务节点数为 12，排序强度为 0.25，可更新资源量为 10。U[0,1]、U[1,3]、U[3,5]和 U[1,5]分别表示工作量标准差服从 4 种不同水平的均匀分布。"正"表示问题集中 100 个问题实例中 APO 和 APL 存在正相关性的数量，"否"表示问题集中 100 个问题实例中 APO 和 APL 不存在相关性的数量，"负"表示问题集中 100 个问题实例中 APO 和 APL 存在负相关性的数量。例如，第 1 行第 2 列的 100 表示 12-0.25-10 问题集，工作量方差为 U[0,1]，100 个问题实例中有 100 个问题实例的 PPL 和 APL 之间存在正相关。

从表 6.7 中可以看出，PPL 与 APL 之间存在很强的正相关性，也证明了基准调度计划工期越短，实际工期越短。

表 6.7　PPL 与 APL 相关关系表（模拟仿真用到的所有备选基准调度计划）

PPL vs APL	U[0, 1]			U[1, 3]			U[3, 5]			U[1, 5]		
	正	否	负	正	否	负	正	否	负	正	否	负
12-0.25-10	100	0	0	100	0	0	97	3	0	97	3	0
12-0.25-15	100	0	0	100	0	0	100	0	0	100	0	0
12-0.25-20	100	0	0	100	0	0	100	0	0	100	0	0
12-0.50-10	100	0	0	97	3	0	91	8	1	91	9	0
12-0.50-15	100	0	0	100	0	0	100	0	0	99	1	0
12-0.50-20	98	2	0	98	2	0	98	2	0	98	2	0
12-0.75-10	100	0	0	98	2	0	95	4	1	97	3	0
12-0.75-15	100	0	0	99	1	0	99	1	0	99	1	0
12-0.75-20	100	0	0	100	0	0	98	2	0	100	0	0
平均值	99.78	0.22	0	99.11	0.89	0	97.56	2.22	0.22	97.89	2.11	0

6.3.2　APO 和 APL 之间的关系

接下来，我们建模运用相关性检验分析 APO 和 APL 之间的相关关系。为了避免 PPL 引起意料之外的影响，对于仿真问题集每一个实例，我们将分别对最优和次优的基线计划进行模拟仿真。仿真结果见表 6.8（对应于最佳的基准表）和表 6.9（对应于次优的基准表）。

从表 6.8 和表 6.9 中可以看出，绝大多数测试实例的 APO 和 APL 之间存在较强的负相关关系（对应的最优和次优的基准调度计划）。相反，只有在少数的情况下，才会出现较强的正相关。这些结果意味着当项目调度工期（PPL）相同而执行模式（对应不同候选基准调度计划）不同时，应选择具有较大 APO 的候选基准调度计划作为基准计划。

表 6.8　APO 与 APL 相关关系表（模拟仿真用到的最优基准调度计划）

APO vs APL	U[0, 1]			U[1, 3]			U[3, 5]			U[1, 5]		
	正	否	负	正	否	负	正	否	负	正	否	负
12-0.25-10	10	43	47	4	41	55	57	37	6	32	53	15
12-0.25-15	5	28	67	1	14	85	18	17	65	8	17	75

续表

APO vs APL	U[0, 1]			U[1, 3]			U[3, 5]			U[1, 5]		
	正	否	负	正	否	负	正	否	负	正	否	负
12-0.25-20	4	18	78	0	6	94	1	12	87	2	8	90
12-0.50-10	8	61	31	5	49	46	39	52	9	28	54	18
12-0.50-15	4	37	59	2	18	80	7	26	67	4	29	67
12-0.50-20	5	28	67	0	19	81	1	21	78	0	20	80
12-0.75-10	6	67	27	1	50	49	7	59	34	6	47	47
12-0.75-15	1	47	52	0	33	67	0	41	59	0	38	62
12-0.75-20	2	53	45	3	28	69	1	33	66	0	35	65
平均值	5	42.44	**52.56**	1.77	28.67	69.56	**14.56**	33.11	52.33	8.89	**33.44**	57.67

表 6.9   APO 与 APL 相关关系表 (模拟仿真用到的次优基准调度计划)

APO vs APL	U[0, 1]			U[1, 3]			U[3, 5]			U[1, 5]		
	正	否	负	正	否	负	正	否	负	正	否	负
12-0.25-10	12	33	55	8	27	65	39	40	21	19	39	42
12-0.25-15	2	15	83	0	8	92	7	17	76	2	12	86
12-0.25-20	2	13	85	0	3	97	1	3	96	1	3	96
12-0.50-10	12	43	45	4	38	58	28	48	24	19	45	36
12-0.50-15	2	24	74	1	3	96	2	8	90	2	5	93
12-0.50-20	1	12	87	0	2	98	0	2	98	0	3	97
12-0.75-10	4	57	39	1	30	69	2	41	57	1	35	64
12-0.75-15	4	26	70	0	11	89	0	16	84	0	16	84
12-0.75-20	1	37	62	1	17	82	1	12	87	1	18	81
平均值	4.44	28.89	**66.67**	1.67	15.44	**82.89**	8.89	20.78	**70.33**	5	19.55	**75.44**

6.4   本 章 小 结

本章在第 4 章和第 5 章研究的基础上, 研究了工作量不确定环境下的 DTRTP 问题的模式组合选择策略, 试图找出影响模式组合选取的特征参数。通过对 900 个随机生成的 DTRTP 问题进行模拟仿真, 对仿真数据进行相关分析, 得出以下结论: ①项目计划工期越短, 项目平均工期越短; ②在计划工期相同的情况下, 串行度与仿真平均工期之间存在明显的负相关性。

对管理决策者的指导性建议为: 对于随机 DTRTP 问题, 有多个不同项目模式组合及其对应的项目调度计划时, 应选取项目计划工期短的项目模式组合及其调度计划; 在项目调度计划的工期相同的情况下, 应选取串行度高的项目模式组合及其调度计划。

本章在只考虑项目平均工期最短情况下对离散时间/资源权衡问题最优执行模式选择策略进行了初步尝试。此外, 未来还可以考虑鲁棒成本、及时完工率等其他绩效指标。本章特征参数仅考虑串行度和项目计划工期, 除此之外, 还有其他特征参数影响着项目模式组合的选择, 可以作为未来研究思考的方向。

第7章 研究总结及展望

7.1 研 究 总 结

本书将关键链法和资源流网络法应用到多模式的随机 DTRTP 环境中，通过模拟仿真进行项目调度策略比较研究，并构建多层次混合模型进行影响分析，其中主要的创新性研究工作及其结论总结如下。

（1）提出测试问题集选取一般流程及构建方法。第 3 章提出项目调度问题测试问题集选取一般流程及问题集构建方法，并对构建方法进行有效性分析。通过问题集生成器 RanGen1 构建 DTRTP 问题集的网络结构，并设置问题集的相关特征参数，生成 DTRTP 问题的测试问题集；采用分支定界法分析各特征参数对问题求解的影响，实验结果显示，任务节点数越大（n 越大），排序强度越低（OS 越小），DTRTP 问题求解难度越大；可用资源量对于 DTRTP 问题的求解没有明显单一影响；有效执行模式数量随着工作量的增加整体上呈缓慢增加趋势，但个别局部有所下降。

（2）提出识别关键链的启发式算法。本书在进行调度策略研究时引入关键链/缓冲管理的方法，其中一个重要环节需要识别关键链，因此在第 4 章提出了一个识别关键链的启发式算法，并验证该算法的有效性。

（3）提出关键链重排算法。第 4 章中识别关键链后，需要插入缓冲区，但插入缓冲区后，就可能出现资源冲突或紧前关系冲突，在第 4 章分析产生冲突的原因并提出基于分支定界法的局部性重排算法和基于分支定界法的全局性重排算法来解决冲突问题。通过模拟仿真，从 3 个不同层次分析项目活动任务的不确定性对项目即时完工率和项目惩罚成本的影响：项目任务的不确定性越低，项目的完工率越高，项目的惩罚成本越低；项目任务节点越少，项目的完工率越低，并且项目的惩罚成本越高。通过比较局部性重排算法与全局性重排算法的优越性，发现基于分支定界法的全局性计划重排算法要优于局部性算法。不论是全局性算法还是局部性算法，在保留关键链的情况下，项目的完工率要略微高一点，但是项目惩罚成本相差不大。

（4）基于插入时间缓冲法或优先级的调度策略比较研究发现时刻表策略能缩短项目工期。第 4 章将关键链/缓冲管理的方法应用到多模式的随机 DTRTP 项目调度问题中，通过从接驳缓冲区设置（接驳缓冲区设置大小影响）、优先级别（关键链法产生的优先级与其他优先级的影响）、不同层次的可用资源量（可用资源量的影响）3 个角度，分别对接力赛策略和时刻表策略两种调度策略展开研究，发现在项目调度计划表中资源非常紧凑的情况下，由于时刻表策略在惩罚成本、项目工期方差（预期）、项目工期均值和项目即时完工率4个绩效评价指标得到的结果都比接力赛策略得到的要好，所以建议项目决策者采用时刻表策略。对于模拟仿真试验一，我们认为在此项目环境下，时刻表策略适合嵌套相对较小的接驳缓冲区（0～10%）。对于模拟仿真试验二，当同时考虑4种绩效评价指标时，我们建议采用时刻表策略或接力赛策略分别嵌套开始时刻或者第一关键链。模拟仿真试验三说明可用资源数对项目的模拟仿真有很大影响。

（5）基于资源流网络法或优先级的调度策略比较研究发现嵌套资源流网络法的接力赛策略相对较优。第5章将资源流网络法应用到多模式的随机DTRTP项目调度问题中，保留较好优先级以及合适随机DTRTP问题的接驳缓冲区大小的关键链法，通过对小规模问题和大规模问题进行模拟仿真来分析优先级及资源流网络各自对接力赛策略和时刻表策略的影响。针对模拟仿真数据，构建符合试验数据的多层次混合模型，采用SAS软件分析它们的相互影响。SAS结果显示时刻表策略比接力赛策略要好，主要是因为在考虑优先级或者资源流网络时，时刻表策略要更稳健些。进行资源流网络及优先级对两种策略影响分析时，统计结果显示，在小规模的项目环境下（12个任务节点的项目），策略的选择很大程度上取决于绩效指标的偏好：如果为了使项目工期均值（APL）最短，则应采用嵌套资源流网络的接力赛策略；如果为了使项目工期方差（SDPL）最小，则应采用嵌套资源流网络的时刻表策略；如果为了使项目即时完工率（TPCP）最高，则应采用嵌套优先级别的时刻表策略；如果为了使项目惩罚成本（SC）最小，则应采用除了嵌套优先级别的接力赛策略以外的策略。在大规模的项目环境下（32个任务节点的项目），综合考虑所有绩效评价指标，嵌套资源流网络法的接力赛策略相对较优。

（6）执行模式选择策略研究发现应选取计划工期短、串行度高的项目模式组合及其调度计划。第6章在第4章和第5章基础上研究模式选择策略。对于随机DTRTP问题，有多个不同项目模式组合及其对应的项目调度计划时，应选取项目计划工期短的项目模式组合及其调度计划；当项目调度计划的工期相同的情况下，应选取串行度高的项目模式组合及其调度计划。

7.2 研究展望

对DTRTP问题的研究以及鲁棒性项目调度的研究，是一个仍然不断在发展的研究方向。本书在该问题的某些研究方面取得了一定的进展，但还有很多问题有待于进一步研究，主要包括以下几点。

（1）工作量不确定环境下DTRTP问题的模型研究。本书研究工作量不确定环境下的离散时间／资源权衡问题的调度策略和执行模式选择策略，工作量都是随机的，服从正态分布，但并未建立随机 DTRTP 模型。因此，如何构建满足不同目标函数的随机 DTRTP 模型，并对该模型进行研究是今后研究的一个重点方向。此外，还可以考虑工作量服从对数分布、偏正态分布等多种不同分布函数，研究如何采用高效调度策略对 DTRTP 问题进行合理调度和安排。鉴于目前还没有关于鲁棒 DTRTP 和模糊 DTRTP 的研究，构建并研究鲁棒 DTRTP 和模糊 DTRTP 模型也具有重大意义，不仅能考虑实际问题中工作量的不确定性，而且还能丰富不确定环境下 DTRTP 模型。

（2）工作量不确定环境下 DTRTP 问题的算法研究。由于不确定 DTRTP 问题属于 NP-hard 问题，开发各类高效的启发式算法，是未来非常值得深入研究的方向。开发启发式算法不仅可以丰富不确定 DTRTP 问题的启发式规则，还可以通过对启发式规则的深入研究和对问题的深入了解，进而设计开发出更为高效的启发式算法。此外，还可以对不确定 DTRTP 问题的特征参数进行分析，改善局部搜索方法，提出更有效、更能够适应 DTRTP 问题的混合启发式算法。另外，随着云计算技术的快速发展，围绕大规模不确定 DTRTP 问题提出云计算环境下的调度算法也很有意义。

（3）DTRTP 问题鲁棒调度研究。本书按照项目最优基准调度计划和最优重排调度计划进行模拟仿真，生成的最优基准调度计划和最优重排调度计划对仿真结果影响很大。对于每一最优模式组合，仅随机选取一种最优基准调度计划进行仿真。在仿真试验过程中发现对于某一最优模式组合，在绝大多数情况下会存在多种不同的具有相等工期的最优基准调度计划。如果分别按照这些不同的最优基准调度计划进行模拟仿真，自然就会得到不同的仿真结果，本书没有考虑多种不同最优基准调度计划。

此外，在项目执行阶段，由于原料不能及时到达、工作量估计不准确等原因，项目不能按照基准计划执行，那么就可能需要修订基准调度计划，甚至需要重新制定。如何根据项目执行情况，制定相应的反应措施进行修补或重新调度是这一领域另一个值得深入研究的方向。

鲁棒性项目调度问题的研究是一个具有广阔前景和实践意义的领域，关键链法和资源流网络法只是在时间不确定性条件下，进行鲁棒性研究的两种方法。目前，国内外关于资源不确定性条件下的鲁棒性研究非常少。因此，资源不确定性条件下 DTRTP 问题的鲁棒性研究也是非常具有研究价值的课题。

（4）工作量不确定环境下 DTRTP 问题模式选择策略研究。本书第 6 章对工作量不确定环境下 DTRTP 问题执行模式选择策略展开初步尝试，为了寻找选择策略规律，在研究过程中枚举了所有的最优模式组合和次优模式组合。然而，对于大项目的 DTRTP 问题，这个方法显然是不可行的。因此，在不能例举所有可能的最优模式组合的情况下，如何选择模式组合使项目绩效更优是另一个值得深入研究的课题。

（5）DTRTP 问题的应用研究。DTRTP 问题在软件开发、建筑工程、轮船、火车、飞机制造等单件或小批量生产方式企业中都有广泛应用，具有较强的实践价值。然而，与 DTRTP 问题的理论性研究相比，应用性研究比较匮乏。而 DTRTP 的应用对于项目实施具有重大的意义，如何开展 DTRTP 实际应用问题研究，将是我们今后研究的重点。一方面，需将已有关于 DTRTP 问题的理论研究成果应用于实际问题；另一方面，要将不同领域的实际问题建立为 DTRTP 模型，从而不断拓宽 DTRTP 的应用领域。

参 考 文 献

边志兴，2008. 作业车间的模糊动态调度问题研究[J]. 中国管理科学，16:76-83.

别黎，2012. 关键链项目管理中的缓冲估计与监控方法研究[D]. 华中科技大学.

别黎，崔南方，2010. 关键链动态缓冲监控方法研究[J]. 中国管理科学，18(6): 97-103.

别黎，崔南方，田文迪，等，2014. 基于活动敏感性的动态缓冲监控方法研究[J]. 中国管理科学，22(10): 113-121.

蔡晨，万伟，2003. 基于PERT/CPM的关键链管理[J]. 中国管理科学，6:35-39.

曹小琳，刘仁海，2010. 关键链项目管理缓冲区计算方法研究[J]. 统计与决策(3): 69-71.

崔东红，孟娜，2006. 基于TOC的项目进度控制[C]. 2006中国控制与决策学术年会论文集.

崔南方，赵雁，2015. 考虑项目网络特征的鲁棒性项目调度缓冲方法比较[J]. 计算机集成制造系统，21(1): 280-288.

崔南方，赵雁，胡雪君，2014. 鲁棒性项目调度中缓冲设置方法[J]. 控制与决策，29(2): 368-372.

崔万安，王先甲，2010. 资源约束项目计划内在稳健性度量方法[J]. 水电能源科学，28(8):123-125.

程婷婷，李伟波，程霞，2007. 关键链新技术在项目管理中的研究和应用[J]. 微计算机应用，28(5):539-543.

褚春超，2008. 缓冲估计与关键链项目管理[J]. 计算机集成制造系统，14(5):1029-1035.

付芳，周泓，2010. 针对项目式生产调度的模拟退火算法[J]. 工业工程，5:75-79.

黄文奇，许如初，2006. 近似计算理论导引——NP难度问题的背景、前景及其求解算法研究[M]. 北京: 科学出版社.

胡晨，徐哲，于静，2015. 基于工期分布和多资源约束的关键链缓冲区大小计算方法[J]. 系统管理学报，24(2): 237-242.

胡雪君，2016. 基于缓冲管理的项目进度方法研究[D]. 华中科技大学.

蒋国萍，陈英武，2005. 基于关键链的软件项目进度风险管理[J]. 计算机应用，25(1):56-57.

李红兵，2004. 建设项目集成化管理理论与方法研究[D]. 武汉理工大学.

李宁，吴之明，2002. 网络计划技术的新发展——项目关键链管理(CCPM)[J]. 公路(10):83-86.

刘士新，2007. 项目优化调度理论与方法[M]. 机械工业出版社.

刘士新，宋健海，唐加福，2003. 关键链——一种项目计划与调度新方法[J]. 控制与决策，18(05): 513-518.

刘士新，宋健海，唐加福，2006a. 基于关键链的资源受限项目调度新方法[J]. 自动化学报，32(01): 60-66.

刘士新，宋健海，唐加福，2006b.资源受限项目调度中缓冲区的设定方法[J]. 系统工程学报，21(04): 381-386.

刘士新，王梦光，2000.多执行模式资源受限工程调度问题的算法综述[C]. 2000年中国控制与决策学术年会.

马国丰，尤建新，2007.关键链项目群进度管理的定量分析[J]. 系统工程理论与实践，9: 54-60.

马力，管在林，何敏，等，2008. 基于关键链的自适应缓冲设置方法研究[J]. 华中科技大学大学学报（自然科学版），36(11): 80-82.

莫巨华，2005. 基于关键链的项目调度模型与算法[D]. 东北大学.

单汨源，刘永，任斌，等，2009. 基于不确定因素视角的关键链缓冲区研究[J]. 软科学，23(8): 26-29.

寿涌毅，王伟，2009. 基于鲁棒优化模型的项目调度策略遗传算法[J]. 管理工程学报，4:148-152.

施骞，王雅婷，龚婷，2012. 项目缓冲设置方法及其评价指标改进[J]. 系统工程理论与实践，32(8): 1739-1746.

唐建波，关昕，马力，2004. 关键链技术研究与基于关键链的项目管理系统[J]. 计算机工程与设计，25(11):2077-2080.

任冰华，2016.DTRTP背景下关键链项目调度问题研究[D]. 华中科技大学.

田文迪，2011. 随机DTRTP环境下项目调度策略的比较研究[D]. 华中科技大学.

田文迪，崔南方，2009. 关键链项目管理中关键链与非关键链的识别[J]. 工业工程与管理，14(2): 88-93.

田文迪，崔南方，付樟华，2011. 基于分支定界法的关键链项目计划重排[J]. 计算机应用研究，28(11): 4035-4039.

田文迪，胡慕海，崔南方，2014. 不确定性环境下鲁棒性项目调度研究综述[J]. 系统工程学报，29(1): 135-144.

田文迪，许静，别黎，等，2014. 项目调度中的测试问题集选取研究[J]. 计算机工程与科学，36(7):1307-1315.

徐小琴，韩文民，2007. 关键链汇入缓冲区的设置方法[J]. 工业工程与管理，12(5):51-55.

许静，2016. 离散时间/资源权衡问题的问题集构建及其特征参数分析[D]. 武汉纺织大学.

王凌，王圣尧，方晨，2017. 分布估计调度算法[M]. 清华大学出版社.

王勇胜，梁昌勇，2009. 资源约束项目调度鲁棒性研究的现状与展望[J]. 中国科技论坛，8: 95-99.

王艺，崔南方，胡雪君，2014. 关键链项目调度中复合接驳缓冲设置方法[J]. 工业工程与管理，19(3): 47-52.

王艺，崔南方，2015. 接驳缓冲设置中的独立时差策略[J]. 工业工程，18(2):127-132.

万伟，蔡晨，王长锋，2003. 在单资源约束项目中的关键链管理[J]. 中国管理科学，2: 70-75.

杨雪松，胡昊，2005. 基于关键链方法的多项目管理[J]. 工业工程与管理，2: 48-52.

喻道远，罗方珍，何敏，2007. 基于 TOC 的模具生产多项目管理研究[J]. 现代制造工程，3:18-21.

张宏国，徐晓飞，战德臣，2009. 不确定资源约束下项目鲁棒性调度算法[J]. 计算机应用研究，26(6): 2079-2089.

张静文，徐渝，何正文，等，2007. 项目调度中的时间/费用权衡问题研究综述[J]. 管理工程学报，21(1): 92-97.

赵道致，廖华，2005. 对关键链法的几个认识误区[J]. 工业工程，8(2):4-6.

赵雁，2014. 时间缓冲设置与鲁棒性项目调度[D]. 华中科技大学.

周阳，丰景春，2008. 基于排队论的关键链缓冲区研究[J]. 科技进步与对策，2:174-176.

AGRAWAL M K, ELMAGHRABY S E, HERROELEN W S, 1996. DAGEN: a generator of test sets for project activity nets [J]. European Journal of Operational Research, 90(2): 376-382.

ALCARAZ J, MAROTO C, RUIZ R, 2003. Solving the multi-mode resource constrained project scheduling problem with genetic algorithms [J]. Journal of the Operational Research Society, 54(6): 614-626.

AL-FAWZANA M A, HAOUARI M, 2005. A bi-objective model for robust resource-constrained project scheduling[J]. International. Journal of Production Economics, 96: 175-187.

BIE L, CUI N, ZHANG X, 2012. Buffer sizing approach with dependence assumption between activities in critical chain scheduling[J]. International Journal of Production Research, 50(24): 7343-7356.

BOCTOR F F, 1993. Heuristics for scheduling projects with resource restrictions and several resource-duration modes[J]. International Journal of Production Research, 31(11): 2547-2558.

BOULEIMEN K, LECOCQ H, 2003. A new efficient simulated annealing algorithm for the resource-constrained project scheduling problem and its multiple mode versions [J]. European Journal of Operational Research, 149(2), 268-281.

BROWNING T R, YASSINE A A, 2010. A random generator of resource-constrained multi-project network problems[J], Journal of Scheduling, 13: 143-161.

BRUCKER P, DREXL A, Möhring, et al., 1999. Resource-constrained project scheduling: Notation, classification, models and methods [J]. European Journal of Operational Research, 112(3): 3-41.

DE P, et al., 1997. Complexity of the discrete time-cost tradeoff problem for project networks [J]. Operation Research, 45:302-306.

DE REYCK B, 1998. Scheduling project with generalized precedence Relations: Exact and heuristic approach [D]. Department of Applied Economics, Katholieke Universiteit Leuven, Leuven, Belgium.

DE REYCK B, DEMEULEMEESTER E, HERROELEN W, 1998. Local search methods for the discrete time/resource trade-off problem in project networks[J]. Naval Research Logistics Quarterly, 45(6): 553-578.

DEBLAERE F, DEMEULEMEESTER E, HERROELEN W, 2011. Reactive scheduling in the multi-mode RCPSP[J]. Computers and Operations Research, 38(1): 63-74.

DEMEULEMEESTER E, HERROELEN W, 1992. A branch-and-bound procedure for the multiple resource constrained project scheduling problem [J]. Management Science, 38(12): 1803-1818.

DEMEULEMEESTER E, DODIN B, HERROELEN W, 1993. A random activity network generator [J]. Operations Research, 41(5): 972-980.

DEMEULEMEESTER E, DE REYCK B, HERROELEN W, 2000. The discrete time/resource trade-off problem in project networks: A branch and bound approach[J]. IIE Transactions, 32(11): 1059-1069.

DEMEULEMEESTER E, HERROELEN W, 2002. Project Scheduling: A research handbook [M]. Kluwer Academic Publishers.

DEMEULEMEESTER E, VANHOUCKE M, HERROELEN W, 2003. A random network generator for activity-on-the-node networks[J]. Journal of Scheduling, 6: 13-34.

DREXL A, GRÜNEWALD J, 1993. Non-preemptive multi-mode resource-constrained project scheduling [J]. IIE Transactions, 25: 74-81.

ELIYAHU M G, AVRAHAM G, 2003. TOC Insight into Project Management[J]. Goldratt Schools.

ELLOUMI S, FORTEMPS P, 2010. A hybrid rank-based evolutionary algorithm applied to multi-mode resource-constrained project scheduling problem[J]. European Journal of Operational Research, 205(1): 31-41.

ELMAGHRABY S E, 2005. On the fallacy of averages in project risk management[J]. European Journal of Operational Research, 165(2): 307-313.

FALLAH M, ASHTIANI B, ARYANEZHAD M B, 2010. Critical chain project scheduling: Utilizing uncertainty for buffer sizing[J]. International Journal of Research and Reviews in Applied Sciences, 3(3): 280-289.

FARAG M A M, 2014. A bridge between increasing reliability and reducing variability in construction work flow: A fuzzy-based sizing buffer model [J]. Journal of Advanced Management Science, 2(4): 287-294.

FÜNDELING C U, TRAUTMANN N, 2010. A priority-rule method for project scheduling with work-content constraints[J]. European Journal of Operational Research, 203(3): 568-574.

GOLDRATT E M, 1997. Critical Chain[M]. New York: North River Press.

GONZÁLEZ V, ALARCÓN L F, YIU T W, 2013. Integrated methodology to design and manage work-in-process buffers in repetitive building projects [J]. Journal of the Operational Research Society, 64(8): 1182-1193.

GRAHAM R L, LAWLER E L, LENSTRA J K, et al., 1979 Optimization and approximation in deterministic sequencing and scheduling: a survey[M]//Hammer P.L., Johnson E.L., Korte B.H. (eds) Discrete optimization II, Annals of Discrete Mathematics. North-Holland Publishing Company, Amsterdam, 5: 287-326.

GUTIÉRREZ M, DURÁN A, ALEGRE D, et al., 2004. Hiergen: a computer tool for the generation of activity-on-the-node hierarchical project networks [C]// Proceedings of the computational science and its applications—ICCSA, Part III, Assisi, Italy: 857-866.

HARTMANN S, SPRECHER A, 1996. A note on "hierarchical models for multi-project planning and scheduling" [J]. European Journal of Operational Research, 94(2): 377-383.

HARTMANN S, DREXL A, 1998. Project scheduling with multiple modes: A comparison of exact algorithms[J]. Networks, 32: 283-297.

HARTMANN S, BRISKORN D, 2010. A survey of variants and extensions of the resource-constrained project scheduling problem[J]. European Journal of Operational Research, 207(1): 1-14.

HARTMANN S, 2001. Project scheduling with multiple modes: A genetic algorithm[J]. Annals of Operations Research, 102:111-135.

HERROELEN W, DE REYCK B, DEMEULEMEESTER E, 1998. Resource constrained scheduling: A survey of recent developments[J]. Computers and Operations Research, 25(4): 279-302.

HERROELEN W, DEMEULEMEESTER E, DE REYCK B, 1999. A classification scheme for project scheduling [M]//In Weglarz J. Project scheduling: recent models, algorithm, and applications. Boston/London/Dordrecht: Kluwer Academic Publishers:1-26.

HERROELEN W, DEMEULEMEESTER E, DE REYCK B, 2000. Resource-constrained project scheduling: Notation, classification, models, and methods[J]. European Journal of Operational Research, 128(3): 221-230.

HERROELEN W, LEUS R, 2004. Stability and resource allocation in project planning[J]. IIE Transactions, 36 (7): 667-682.

IRANMANESH H, MANSOURIAN F, KOUCHAKI S, 2015. Critical chain scheduling: a new approach for feeding buffer sizing[J]. International Journal of Operational Research, 25(1): 114-130.

JARBOUI B, DAMAK N, SIARRY P, et al., 2008. A combinatorial particle swarm optimization for solving multi-mode resource-constrained project scheduling problems [J]. Applied Mathematics and Computation, 195(1): 299-308.

KNOTTS G, DROR M, HARTMAN B, 2000. Agent-based project scheduling[J]. IIE Transactions, 32(5): 387-401.

KOLISCH R, SPRECHER A, DREXL A, 1992. Characterization and generation of a general class of resource-constrained project scheduling problems[R]. Kiel, Germany.

KOLISCH R, SPRECHER A, DREXL A, 1995. Characterization and generation of a general class of resource-constrained project scheduling problems[J]. Management Science, 41(10): 1693-1703.

KOLISCH R, SPRECHER A, 1996. PSPLIB -A project scheduling library[J]. European Journal of Operational Research, 96: 205-216.

KOLISCH R, DREXL A, 1997. Local search for nonpreemptive multi-mode resource constrained project scheduling. IIE Transactions, 29(11): 987-999.

KOTWANI K, YASSINE A, ZHAO Y, 2006. Scheduling resource constrained multi-project DSM using modified simple GA and OmeGA[D]. Working paper, Dept of IESE, UIUC.

KOUVELIS P, YU G, 1997. Robust discrete optimization and its applications[M]. Boston:Kluwer Academic Publishers.

LI H, ZHANG H, 2013. Ant colony optimization-based multi-mode scheduling under renewable and nonrenewable resource constraints[J]. Automation in Construction, 35: 431-438.

LONG L, OHSATO A, 2008. Fuzzy critical chain method for project scheduling under resource constraints and uncertainty[J]. International Journal of Project Management, 26: 688-698.

LOVA A, et al., 2009. An efficient hybrid genetic algorithm for scheduling projects with resource constraints and multiple execution modes [J]. International Journal of Production Economics, 117(2): 302-316.

LOVA A, TORMOS P, BARBER F, 2006. Multi-mode resource constrained project scheduling: Scheduling schemes, priority rules and mode selection rules [J]. Inteligencia Artificial, 30: 69-86.

MA G, LI L, CHEN Z. 2012. Research on the Buffer Sizing Approach in Critical Chain Scheduling in Perspective of Flexible Management[M]//ZHU M. Business, Economics, Financial Sciences, and Management. Advances in Intelligent and Soft Computing. Berlin, Heidelberg:Springer, 143:61-68.

MASTOR A A, 1970. An experimental and comparative evaluation of production line balancing techniques [J]. Management Science, 16: 728-746.

MURITIBA A E F, RODRIGUES C D, DA COSTA F, 2018. A Path-Relinking algorithm for the multi-mode resource-constrained project scheduling problem[J].Computers and Operation Research, 92: 145-154.

NEWBOLD R C, 1998. Project management in the fast lane: Applying the theory of constraints[M]. St. Lucie Press.

ÖZDAMAR L, 1999. A genetic algorithm approach to a general category project scheduling problem[J]. IEEE Transactions on Systems, Man, and Cybernetics, Part C: Applications and Reviews, IEEE Transactions, 29(1): 44-59.

PATTERSON J, 1984. A comparison of exact procedures for solving the multiple constrained resource project scheduling problem[J]. Management Science, 30: 854-867.

PATTERSON J, SLOWINSKI R, TALBOT F, et al., 1989. An algorithm for a general class of precedence and resource constrained scheduling problem[M]//Slowinski, R.and Weglarz. Advances in Project Scheduling. Amsterdam: Elsevier:3-28.

PÉREZ E, POSADA M, MARTÍN P, 2015. Learning process on Priotity rules to solve the RCPSP[J]. Journal of Intelligent Manufacturing, 26:123-138.

PÉREZ E, POSADA M, LORENZANA A, 2016. Taking advantage of solving the resource constrained multi-project scheduling problems using multi-modal genetic algorithms[J]. Soft Computing, 20:1879-1896.

RANJBAR M, KIANFAR F, 2007. Solving the discrete time/resource trade-off problem with genetic algorithm[J]. Applied Mathematics and Computation, 191(2): 451-456.

RANJBAR M, DE REYCK B, KIANFAR F, 2009. A hybrid scatter search for discrete time/resource trade-off problem in project scheduling[J]. European Journal of Operational Research, 193(1): 35-48.

REYES J, ALVAREZ K, VASQUEZ R, 2016. Dynamic Buffer Management for Raw Material Supply in the Footwear Industry[J]. Journal of Industrial and Intelligent Information, 4(1):1-8.

SCHWINDT C, 1995. A new problem generator for different resource constrained project scheduling problems with minimal and maximal time lags [R]. Institut für Wirtschaftstheorie und Operations Research, Universität Karlsruhe, WIOR-Report-449.

SCHWINDT C, 1996. Generation of resource-constrained project scheduling problems with minimal and maximal time lags[R]. Institut für Wirtschaftstheorie und Operations Research, Universität Karlsruhe, WIOR-Report-489.

SCHWINDT C, 1998. Generation of resource-constrained project scheduling problems subject to temporal constraints[R]. Institut für Wirtschaftstheorie und Operations Research, Universität Karlsruhe, WIOR-Report-543.

SLOWINSKI R, 1980. Two approaches to problems of resource allocation among project activities-A comparative study[J]. Journal of Operational Research Society, 31(8): 711-723.

SOLIMAN O S, ELGENDI E A R, 2014. A hybrid estimation of distribution algorithm with random walk local search for multi-mode resource-constrained project scheduling problems[J]. International Journal of Computer Trends and Technology, 8(2):57-64.

SPRECHER A, 1994. Resource-constrained project scheduling: Exact methods for the multi-mode case.//In: Lecture Notes in Economics and Mathematical Systems, vol 409, Springer, Berlin, Heidelberg.

SPRECHER A, DREXL A, 1998. Multi-mode resource-constrained project scheduling problems by a simple, general and powerful sequencing algorithm [J]. European Journal of Operational Research, 107(2): 431-450.

SPRECHER A, HARTMANN S, DREXL A, 1997. An exact algorithm for the project scheduling with multiple modes. OR Spektrum 19:195-203.

TALBOT F, 1982. Resource-constrained project scheduling with time/resource tradeoffs: The non-preemptive case[J]. Management Science, 28(10): 1197-1210.

TAVARES L V, 2002. A review of the contribution of operational research to project management[J]. European Journal of Operational Research, 136(1): 1-18.

TAVARES L V, 1998. Advanced models for project management [M]. Boston: Kluwer Academic.

TIAN W, DEMEULEMEESTER E, 2014. Railway scheduling reduces the expected project makespan over roadrunner scheduling in a multi-mode project scheduling environment[J]. Annals of Operations Research, 213(1): 271-291.

TIAN W, DEMEULEMEESTER E, 2013. On the interaction between roadrunner or railway scheduling and priority lists or resource flow networks[J]. Flexible Services and Manufacturing Journal, 25(1-2): 145-174.

TIAN W, XU J, FU Z, 2017. On the choice of baseline schedules for the discrete time/resource trade-off problem under stochastic environment[J]. Journal of Difference Equations and Applications, 23(1-2): 55-65.

TUKEL O I, ROM W O, EKSIOGLU S D, 2006. An investigation of buffer sizing techniques in critical chain scheduling[J]. European Journal of Operational Research, 172(2): 401-416.

ULLMAN J D, 1975. NP-Complete scheduling problems[J]. Journal of Computer and System Science, 10(3): 384-393.

Umble M, Umble E J, 2006. Utilizing buffer management to improve performance in a healthcare environment[J]. European Journal of Operational Research, 174(2): 1060-1075.

VAN DE VONDER S, DEMEULEMEESTER E, HERROELEN W, 2006.The trade-off between stability and makespan in resource-constrained project scheduling[J]. International Journal of Production Research, 44 (2): 215-236.

VAN PETEGHEM V, VANHOUCKE M, 2010. A genetic algorithm for the preemptive and non-preemptive Multi-mode resource constrained project scheduling problem[J]. European Journal of Operational Research, 201(2): 409-418.

VAN PETEGHEM V, VANHOUCKE M. 2011. Using resource scarceness characteristics to solve the multi-mode resource constrained project scheduling problem[J]. Journal of Heuristics, 2011, 17 (6): 705-728.

VANHOUCKE M, DEBELS D, 2008. The impact of various activity assumptions on the lead time and resource utilization of resource-constrained projects[J]. Computers and Industrial Engineering, 54(1): 140-154.

VANHOUCKE M, COELHO J, TAVARES L, et al., 2008. An evaluation of the adequacy of network generators with systematically sampled networks[J]. European Journal of Operational Research, 187(2): 521-524.

WANG L, FANG C, 2011. An effective shuffled frog-leaping algorithm for multi-mode resource-constrained project scheduling problem[J]. Information Sciences, 181: 4804-4822.

WANG L, FANG C, 2012. An effective estimation of distribution algorithm for the multi-mode resource-constrained project scheduling problem[J]. Computers and Operations Research, 39: 449-460.

WEGLARZ J, 1999. Project Scheduling: Recent Models, Algorithms and Applications[M].Boston: Kluwer Academic Publisher.

WU H H, CHEN C P, TSAI C H, et al., 2010. A study of an enhanced simulation model for TOC supply chain replenishment system under capacity constraint[J]. Expert Systems with Applications, 37(9): 6435-6440.

YUAN K J, CHANG S H, LI R K, 2003. Enhancement of Theory of Constraints replenishment using a novel generic buffer management procedure[J]. International Journal of Production Research, 41(4): 725-740.

ZHANG H, TAM C M, LI H, 2006. Multimode project scheduling based on particle swarm optimization[J]. Computer Aided Civil and Infrastructure Engineering, 21(2): 93-103.

ZHANG J, SONG X, DÍAZ E, 2014. Buffer sizing of critical chain based on attribute optimization[J]. Concurrent Engineering, 22(3): 253-264.

ZHANG J, SONG X, DÍAZ E, 2016. Project buffer sizing of a critical chain based on comprehensive resource tightness[J]. European Journal of Operational Research, 248(1): 174-182.

ZHAO Z Y, YOU W Y, ZUO J, 2010. Application of innovative critical chain method for project planning and control under resource constraints and uncertainty[J]. Journal of construction engineering and management, 136(9): 1056-1060.

ZHU G, BARD J F, YU G, 2006. A branch-and-cut procedure for the multimode resource-constrained project-scheduling problem[J]. Journal on Computing, 18(3): 377-390.

附录 A 相关网络资源

PSPLIB 问题库下载网址：http://www.om-db.wi.tum.de/psplib/main.html

RanGen 生成器下载网址：http://www.projectmanagement.ugent.be/research/data/ RanGen

RCPSP/Max 问题集、MRCPSP/Max 问题集和 RIP/Max 问题集下载地址：http://www.wiwi.tu-clausthal.de/de/abteilungen/produktion/forschung/schwerpunkte/project-generator/repspmax/

RCMPSP 问题集下载网址：http://sbuweb.tcu.edu/tbrowning/RCMPSPinstances.htm

RCMPSPLIB 问题库下载网址：https://www.eii.uva.es/elena/RCMPSPLIB.htm

附录 B 术语中英文对照

A

activity duration   任务工期

activity on nodes（AON）   节点网络图

ant colong optimization（ACO）   蚁群算法

aspiration criteria   特赦准则

average computation time（AT）   平均计算时间

average paralle orders（APO）   串行度

average project length（APL）   项目平均工期

B

baseline schedule（BS）   基准调度计划

basied random sampling method   偏随机抽样方法

bounding rules   定界规则

branch and bound（B&B）   分支定界法

buffer   缓冲

C

change-over time   转移时间

complexity index（CI）   复杂度系数

critical chain/buffer management   关键链/缓冲管理

crossover   交叉

cut-set dominance rule   割集支配规则

D

deadline   截止时间

differential evolution（DE）   美分进化算法

discrete time/ resource trade-off problem（DTRTP）   离散时间/资源权衡问题

diversification generation method   多样性初始解生成法

E

estimated of distribution algorithm（EDA）　分布估计算法

execution mode　执行模式

F

feeding buffer（FB）　接驳缓冲，也称输入缓冲

finishing time　结束时间

frequency method　频率法

fuzzy resource　模糊资源

G

genetic algorithm（GA）　遗传算法

H

hybrid rank-based evolutionary algorithm（HREA）　基于秩次的混合进化算法

L

local search　局部搜索

M

memetic algorithm（MA）　模因算法

mixed effect model　混合效应模型

mixed model　混合模型

multi-mode discrete time/resource trade-off problem（MDTRTP）　多模式离散时间/资源权衡问题

multi-mode left-shift dominance rule　多模式左移支配规则

multi-mode rescource constrained project scheduling problem（MRCPSP）　多模式资源受限项目调度问题

multi-mode resource constrained project scheduling problem with minimal and maximum time lags（MRCPSP/Max）　最小最大时间滞后多模式资源受限项目调度问题

mutation　变异

N

neighborhood　邻域

network number（NN）　网络结构数目

roadrunner scheduling 接力赛策略

robustness 鲁棒性

S

scatter search algorithm（SS） 分散搜索算法

scatter search path relinking（SS-PR） 分散搜索-路径重连算法

serial schedule generation scheme（SSGC） 串行进度生成机制

shuffed frog-leaping algorithm（SFLA） 蛙跳算法

sigle-mode left-shift dominance rule 单模式左移支配规则

stability cost（SC） 惩罚成本

standard deviation of the project length（SDPL） 项目工期方差

starting time 开始时间

stochastic resource 随机资源

T

tabu list 禁忌表

tabu search（TS） 禁忌算法

termination criteria 终止规则

theory of constraint 约束理论

timely project completion probability（TPCP） 项目即时完工率

topological ordering（TO） 拓扑排序

U

uncertainty 不确定性

W

work content 工作量

work breakdown structure（WBS） 工作分解结构

附录 C 各章相关计算数据

第 3 章统计数据

可用资源量 a 分别为 10、15、20。当 a=10 时，执行模式数量最多为 10；当 a=15 时，执行模式数量最多为 11；当 a=20 时，执行模式数量最多为 12。

执行模式数量统计表

工作量 W	执行模式					
	a=20		a=15		a=10	
10	6		6		6	<1,10>,<2,5>,<3,4>,<4,3>,<5,2>,<10,1>
11	6		6	<1,11>	5	<2,6>,<3,4>,<4,3>,<7,2>,<11,1>
12	6		6	<1,12>	5	<2,6>,<3,4>,<4,3>,<6,2>,<12,1>
13	7		7	<1,13>	6	<2,7>,<3,5>,<4,4>,<5,3>,<7,2>,<13,1>
14	7		7	<1,14>	6	<2,7>,<3,5>,<4,4>,<5,3>,<7,2>,<14,1>
15	7		7	<1,15>	6	<2,8>,<3,5>,<4,4>,<6,3>,<8,2>,<15,1>
16	7	<1,16>	6		6	<2,8>,<3,6>,<4,4>,<6,3>,<8,2>,<16,1>
17	8	<1,17>	7		7	<2,9>,<3,6>,<4,5>,<5,4>,<6,3>,<9,2>,<17,1>
18	8	<1,18>	7		7	<2,9>,<3,6>,<4,5>,<5,4>,<6,3>,<9,2>,<18,1>
19	8	<1,19>	7		7	<2,9>,<3,6>,<4,5>,<5,4>,<7,3>,<10,2>,<19,1>
20	8	<1,20>	7		7	<2,10>,<3,7>,<4,5>,<5,4>,<7,3>,<10,2>,<20,1>
21	8		8	<2,11>	7	<3,7>,<4,6>,<5,5>,<6,4>,<7,3>,<11,2>,<21,1>
22	8		8	<2,11>	7	<3,8>,<4,6>,<5,5>,<6,4>,<8,3>,<11,2>,<22,1>
23	8		8	<2,12>	7	<3,8>,<4,6>,<5,5>,<6,4>,<8,3>,<12,2>,<23,1>
24	8		8	<2,12>	7	<3,8>,<4,6>,<5,5>,<6,4>,<8,3>,<12,2>,<24,1>
25	8		8	<2,13>	7	<3,9>,<4,7>,<5,5>,<7,4>,<9,3>,<13,2>,<25,1>
26	9		9	<2,13>	8	<3,9>,<4,7>,<5,6>,<6,5>,<7,4>,<9,3>,<13,2>,<26,1>
27	9		9	<2,14>	8	<3,9>,<4,7>,<5,6>,<6,5>,<7,4>,<9,3>,<14,2>,<27,1>
28	9		9	<2,14>	8	<3,10>,<4,7>,<5,6>,<6,5>,<7,4>,<10,3>,<14,2>,<28,1>
29	9		9	<2,15>	8	<3,10>,<4,8>,<5,6>,<6,5>,<8,4>,<10,3>,<15,2>,<29,1>
30	9		9	<2,15>	8	<3,10>,<4,8>,<5,6>,<6,5>,<8,4>,<10,3>,<15,2>,<30,1>
31	10	<2,16>	9	<3,11>	8	<4,8>,<5,7>,<6,6>,<7,5>,<8,4>,<11,3>,<16,2>,<31,1>
32	10	<2,16>	9	<3,11>	8	<4,8>,<5,7>,<6,6>,<7,5>,<8,4>,<11,3>,<16,2>,<32,1>
33	10	<2,17>	9	<3,11>	8	<4,9>,<5,7>,<6,6>,<7,5>,<9,4>,<11,3>,<17,2>,<33,1>
34	10	<2,17>	9	<3,12>	8	<4,9>,<5,7>,<6,6>,<7,5>,<9,4>,<12,3>,<17,2>,<34,1>

续表

工作量 W	执行模式				
	a=20		a=15		a=10
35	10	<2,18>	9	<3,12>	8	<4,9>,<5,7>,<6,6>,<7,5>,<9,4>,<12,3>,<18,2>,<35,1>
36	10	<2,18>	9	<3,12>	8	<4,9>,<5,8>,<6,6>,<8,5>,<9,4>,<12,3>,<18,2>,<36,1>
37	11	<2,19>	10	<3,13>	9	<4,10>,<5,8>,<6,7>,<7,6>,<8,5>,<10,4>,<13,3>,<19,2>,<37,1>
38	11	<2,19>	10	<3,13>	9	<4,10>,<5,8>,<6,7>,<7,6>,<8,5>,<10,4>,<13,3>,<19,2>,<38,1>
39	11	<2,19>	10	<3,13>	9	<4,10>,<5,8>,<6,7>,<7,6>,<8,5>,<10,4>,<13,3>,<20,2>,<39,1>
40	11	<2,20>	10	<3,14>	9	<4,10>,<5,8>,<6,7>,<7,6>,<8,5>,<10,4>,<14,3>,<20,2>,<40,1>
41	10		10	<3,14> <4,11>	8	<5,9>,<6,7>,<7,6>,<9,5>,<11,4>,<14,3>,<21,2>,<41,1>
42	10		10	<3,14> <4,11>	8	<5,9>,<6,7>,<7,6>,<9,5>,<11,4>,<14,3>,<21,2>,<42,1>
43	11		11	<3,15> <4,11>	9	<5,9>,<6,8>,<7,7>,<8,6>,<9,5>,<11,4>,<15,3>,<22,2>,<43,1>
44	11		11	<3,15> <4,11>	9	<5,9>,<6,8>,<7,7>,<8,6>,<9,5>,<11,4>,<15,3>,<22,2>,<44,1>
45	11		11	<3,15> <4,12>	9	<5,9>,<6,8>,<7,7>,<8,6>,<9,5>,<12,4>,<15,3>,<23,2>,<45,1>
46	11	<3,16>	10	<4,12>	9	<5,10>,<6,8>,<7,7>,<8,6>,<10,5>,<12,4>,<16,3>,<23,2>,<46,1>
47	11	<3,16>	10	<4,12>	9	<5,10>,<6,8>,<7,7>,<8,6>,<10,5>,<12,4>,<16,3>,<24,2>,<47,1>
48	11	<3,16>	10	<4,12>	9	<5,10>,<6,8>,<7,7>,<8,6>,<10,5>,<12,4>,<16,3>,<24,2>,<48,1>
49	11	<3,17>	10	<4,13>	9	<5,10>,<6,9>,<7,7>,<9,6>,<10,5>,<13,4>,<17,3>,<25,2>,<49,1>
50	12	<3,17>	11	<4,13>	10	<5,10>,<6,9>,<7,8>,<8,7>,<9,6>,<10,5>,<13,4>,<17,3>,<25,2>,<50,1>

第 5 章统计数据

（1）节点数为 12、可用资源数为 10 的问题集。

① APL。

总体统计信息表

	DF	Sum of Squares	Mean Square	F-Value	Pr > F
Model	104	11599.57546	111.53438	586.96	<0.0001
Error	695	132.06317	0.19002		
Corrected Total	799	11731.63863			

R-square	Coeff Var	Root MSE	APL Mean
0.988743	1.314748	0.435912	33.15554

Source	DF	Type ISS	Mean Square	F-Value	Pr > F

续表

Policy	1	2.99017	2.99017	15.74	<.0001
Approach	1	9.82632	9.82632	51.71	<.0001
Policy*Approach	1	10.01600	10.01600	52.71	<.0001
PR(Approach)	2	0.09642	0.09642	0.51	0.6023
ID	99	11576.55012	116.93485	615.39	<.0001

最小二乘表

Policy/Approach				Policy*Approach				PR(Approach)		
Policy	Approach	LSMEAN		Policy	Approach	LSMEAN		Approach	PR	LSMEAN
1		33.2167	A	1	1	33.4394	P_1	1	1	33.2513
2		33.0944	B	1	2	32.9940	P_2	1	2	33.2814
	1	33.2664	C	2	1	33.0933	R_1	2	1	33.0607
	2	33.0447	D	2	2	33.0955	R_2	2	2	33.0287

最小二乘差异表

Least Squares Means for effect Policy*Approach					Least Squares Means for effect PR(Approach)				
Pr > |t| for H$_0$: LSMean(i)=LSMean(j)					Pr >|t| for H$_0$: LSMean(i)=LSMean(j)				
i/j	A	B	C	D	i/j	P_1	P_2	R_1	R_2
A		<0.0001	<0.0001	<0.0001	P_1		0.4905	<0.0001	<0.0001
B	<0.0001		0.0229	0.0202	P_2	0.4905		<0.0001	<0.0001
C	<0.0001	0.0229		0.9611	R_1	<0.0001	<0.0001		0.4631
D	<0.0001	0.0202	0.9611		R_2	<0.0001	<0.0001	0.4631	

② SDPL。

总体统计信息表

	DF	Sum of Squares	Mean Square	F-Value	Pr > F
Model	104	56.59398592	0.54417294	12.69	<0.0001
Error	695	29.80656680	0.04288715		
Corrected Total	799	86.40055271			

R-square	Coeff Var	Root MSE	SDPL Mean
0.655019	12.70289	0.207092	1.630275

Source	DF	Type ISS	Mean Square	F-Value	Pr > F
Policy	1	9.65498633	9.65498633	225.13	<0.0001
Approach	1	5.58838371	5.58838371	130.30	<0.0001
Source	DF	Type ISS	Mean Square	F-Value	Pr > F
Policy*Approach	1	4.37623659	4.37623659	102.04	<.0001
PR(Approach)	2	0.07898901	0.03949451	0.92	0.3986
ID	99	36.89539027	0.37268071	8.69	<.0001

最小二乘表

Policy/Approach				Policy*Approach				PR(Approach)		
Policy	Approach	LSMEAN		Policy	Approach	LSMEAN		Approach	PR	LSMEAN
1		1.74013293	A	1	1	1.89767356	P_1	1	1	1.70120899
2		1.52041736	B	1	2	1.58259230	P_2	1	2	1.72649967
	1	1.71385433	C	2	1	1.53003510	R_1	2	1	1.55282524
	2	1.52041736	D	2	2	1.51079963	R_2	2	2	1.54056670

最小二乘差异表

Least Squares Means for effect Policy*Approach Pr > |t| for H_0: LSMean(i)=LSMean(j)					Least Squares Means for effect PR(Approach) Pr >|t| for H_0: LSMean(i)=LSMean(j)				
i / j	A	B	C	D	i / j	P_1	P_2	R_1	R_2
A		<0.0001	<0.0001	<0.0001	P_1		0.2224	<0.0001	<0.0001
B	<0.0001		0.0114	0.0006	P_2	0.2224		<0.0001	<0.0001
C	<0.0001	0.0114		0.3533	R_1	<0.0001	<0.0001		0.5541
D	<0.0001	0.0006	0.3533		R_2	<0.0001	<0.0001	0.5541	

③ TPCP。

总体统计信息表

	DF	Sum of Squares	Mean Square	F-Value	Pr > F
Model	104	1.66012013	0.01596269	13.09	<0.0001
Error	695	0.84739050	0.00121927		
Corrected Total	799	2.50751063			

R-square	Coeff Var	Root MSE	TPCP Mean
0.662059	3.671858	0.034918	0.950963

Source	DF	Type ISS	Mean Square	F-Value	Pr > F
Policy	1	0.13226746	0.13226746	108.48	<0.0001
Approach	1	0.14161558	0.14161558	116.15	<0.0001
Policy*Approach	1	0.14132465	0.14132465	115.91	<0.0001
PR(Approach)	2	0.00054044	0.00027022	0.22	0.8013
ID	99	1.24437200	0.01256941	10.31	<0.0001

最小二乘表

Policy/Approach				Policy*Approach				PR(Approach)		
Policy	Approach	LSMEAN		Policy	Approach	LSMEAN		Approach	PR	LSMEAN
1		0.93810442	A	1	1	0.91150836	P_1	1	1	0.93779560
2		0.96382090	B	1	2	0.96470048	P_2	1	2	0.93751999
	1	0.93765779	C	2	1	0.96380723	R_1	2	1	0.96311335
	2	0.96426753	D	2	2	0.96383457	R_2	2	2	0.96542170

最小二乘差异表

	Least Squares Means for effect Policy*Approach Pr > |t| for H₀: LSMean(i)=LSMean(j)				Least Squares Means for effect PR(Approach) Pr > |t| for H₀: LSMean(i)=LSMean(j)			
i/j	A	B	C	D	i/j	P₁	P₂	R₁	R₂
A		<0.0001	<0.0001	<0.0001	P₁		0.9371	<0.0001	<0.0001
B	<0.0001		0.7982	0.8042	P₂	0.9371		<0.0001	<0.0001
C	<0.0001	0.7982		0.9938	R₁	<0.0001	<0.0001		0.5088
D	<0.0001	0.8042	0.9938		R₂	<0.0001	<0.0001	0.5088	

④ SC。

总体统计信息表

	DF	Sum of Squares	Mean Square	F-Value	Pr > F
Model	104	223946.6854	2153.3335	9.31	<0.0001
Error	695	160690.4780	231.2093		
Corrected Total	799	384637.1634			

R-square	Coeff Var	Root MSE	SC Mean
0.582228	36.17540	15.20557	42.03290

Source	DF	Type ISS	Mean Square	F-Value	Pr > F
Policy	1	27161.6896	27161.6896	117.48	<0.0001
Approach	1	19041.0696	19041.0696	82.35	<0.0001
Policy*Approach	1	20494.8984	20494.8984	88.64	<0.0001
PR(Approach)	2	85.5295	42.7648	0.18	0.8312
ID	99	157163.4985	1587.5101	6.87	<0.0001

最小二乘表

Policy/Approach			Policy*Approach				PR(Approach)			
Policy	Approach	LSMEAN		Policy	Approach	LSMEAN		Approach	PR	LSMEAN
1		47.8597449	A	1	1	57.7998906	P₁	1	1	47.0987670
2		36.2060568	B	1	2	37.9195993	P₂	1	2	46.7243575
	1	46.9115622	C	2	1	36.0232339	R₁	2	1	37.5770611
	2	37.1542395	D	2	2	36.3888796	R₂	2	2	36.7314178

最小二乘差异表

	Least Squares Means for effect Policy*Approach Pr > |t| for H₀: LSMean(i)=LSMean(j)				Least Squares Means for effect PR(Approach) Pr > |t| for H₀: LSMean(i)=LSMean(j)			
i/j	A	B	C	D	i/j	P₁	P₂	R₁	R₂
A		<0.0001	<0.0001	<0.0001	P₁		0.8056	<0.0001	<0.0001
B	<0.0001		0.2128	0.3144	P₂	0.8056		<0.0001	<0.0001
C	<0.0001	0.2128		0.8100	R₁	<0.0001	<0.0001		0.5783
D	<0.0001	0.3144	0.8100		R₂	<0.0001	<0.0001	0.5783	

（2）节点数为 12、可用资源数为 15 的问题集。

① APL。

总体统计信息表

	DF	Sum of Squares	Mean Square	F-Value	Pr > F
Model	104	4941.668599	47.516044	768.52	<0.0001
Error	695	42.970565	0.061828		
Corrected Total	799	4984.639164			

R-square	Coeff Var	Root MSE	APL Mean
0.991379	1.073433	0.248653	23.16424

Source	DF	Type ISS	Mean Square	F-Value	Pr > F
Policy	1	4.736870	4.736870	76.61	<0.0001
Approach	1	6.800721	6.800721	109.99	<0.0001
Policy*Approach	1	6.549115	6.549115	105.92	<0.0001
PR(Approach)	2	0.091156	0.045578	0.74	0.4788
ID	99	4923.490737	49.732230	804.36	<0.0001

最小二乘表

Policy/Approach			Policy*Approach				PR(Approach)			
Policy	Approach	LSMEAN		Policy	Approach	LSMEAN		Approach	PR	LSMEAN
1		23.2411889	A	1	1	23.4238679	P_1	1	1	23.2507514
2		23.0872917	B	1	2	23.0585098	P_2	1	2	23.2621297
	1	23.2564406	C	2	1	23.0890133	R_1	2	1	23.0860229
	2	23.0720399	D	2	2	23.0855700	R_2	2	2	23.0580569

最小二乘差异表

Least Squares Means for effect Policy*Approach Pr > |t| for H_0: LSMean(i)=LSMean(j)					Least Squares Means for effect PR(Approach) Pr >|t| for H_0: LSMean(i)=LSMean(j)				
i/j	A	B	C	D	i/j	P_1	P_2	R_1	R_2
A		<0.0001	<0.0001	<0.0001	P_1		0.6474	<0.0001	<0.0001
B	<0.0001		0.2203	0.2769	P_2	0.6474		<0.0001	<0.0001
C	<0.0001	0.2203		0.8899	R_1	<0.0001	<0.0001		0.2611
D	<0.0001	0.2769	0.8899		R_2	<0.0001	<0.0001	0.2611	

② SDPL。

总体统计信息表

	DF	Sum of Squares	Mean Square	F-Value	Pr > F
Model	104	20.69989689	0.19903747	12.79	<0.0001
Error	695	10.81233764	0.01555732		

续表

Corrected Total	799	31.51223453			

R-square	Coeff Var	Root MSE	SDPL Mean
0.656884	9.690157	0.124729	1.287172

Source	DF	Type ISS	Mean Square	F-Value	Pr > F
Policy	1	3.80786625	3.80786625	244.76	<0.0001
Approach	1	3.84984993	3.84984993	247.46	<0.0001
Policy*Approach	1	2.71842601	2.71842601	174.74	<0.0001
PR(Approach)	2	0.00611938	0.00305969	0.20	0.8215
ID	99	10.31763532	0.10421854	6.70	<0.0001

最小二乘表

Policy/Approach				Policy*Approach				PR(Approach)		
Policy	Approach	LSMEAN		Policy	Approach	LSMEAN		Approach	PR	LSMEAN
1		1.35616352	A	1	1	1.48382700	P_1	1	1	1.35581375
2		1.21818044	B	1	2	1.22850004	P_2	1	2	1.35727187
	1	1.35654281	C	2	1	1.22925862	R_1	2	1	1.22164392
	2	1.21780115	D	2	2	1.20710225	R_2	2	2	1.21395837

最小二乘差异表

Least Squares Means for effect Policy*Approach Pr > |t| for H_0: LSMean(i)=LSMean(j)					Least Squares Means for effect PR(Approach) Pr > |t| for H_0: LSMean(i)=LSMean(j)				
i/j	A	B	C	D	i/j	P_1	P_2	R_1	R_2
A		<0.0001	<0.0001	<0.0001	P_1		0.9070	<0.0001	<0.0001
B	<0.0001		0.9515	0.0867	P_2	0.9070		<0.0001	<0.0001
C	<0.0001	0.9515		0.0761	R_1	<0.0001	<0.0001		0.5380
D	<0.0001	0.0867	0.0761		R_2	<0.0001	<0.0001	0.5380	

③ TPCP。

总体统计信息表

	DF	Sum of Squares	Mean Square	F-Value	Pr > F
Model	104	10.34837296	0.09950359	86.05	<0.0001
Error	695	0.80367926	0.00115637		
Corrected Total	799	11.15205222			

R-square	Coeff Var	Root MSE	TPCP Mean
0.927934	3.940622	0.034005	0.862947

续表

Source	DF	Type ISS	Mean Square	F-Value	Pr > F
Policy	1	0.19297417	0.19297417	166.88	<0.0001
Approach	1	0.18273591	0.18273591	158.03	<0.0001
Policy*Approach	1	0.20436485	0.20436485	176.73	<0.0001
PR(Approach)	2	0.00240895	0.00120448	1.04	0.3534
ID	99	9.76588908	0.09864534	85.31	<0.0001

最小二乘表

Policy/Approach			Policy*Approach					PR(Approach)			
Policy	Approach	LSMEAN		Policy	Approach	LSMEAN		Approach	PR	LSMEAN	
1		0.84741607	A	1	1	0.81631951	P_1	1	1	0.84722000	
2		0.87847844	B	1	2	0.87851263	P_2	1	2	0.84844738	
	1	0.84783369	C	2	1	0.87934787	R_1	2	1	0.87568474	
	2	0.87806082	D	2	2	0.87760902	R_2	2	2	0.88043691	

最小二乘差异表

Least Squares Means for effect Policy*Approach Pr > |t| for H_0: LSMean(i)=LSMean(j)					Least Squares Means for effect PR(Approach) Pr > |t| for H_0: LSMean(i)=LSMean(j)				
i/j	A	B	C	D	i/j	P_1	P_2	R_1	R_2
A		<0.0001	<0.0001	<0.0001	P_1		0.7183	<0.0001	<0.0001
B	<0.0001		0.8061	0.7905	P_2	0.7183		<0.0001	<0.0001
C	<0.0001	0.8061		0.6093	R_1	<0.0001	<0.0001		0.1627
D	<0.0001	0.7905	0.6093		R_2	<0.0001	<0.0001	0.1627	

④ SC。

总体统计信息表

	DF	Sum of Squares	Mean Square	F-Value	Pr > F
Model	104	244616.9737	2352.0863	17.78	<0.0001
Error	695	91950.1585	132.3024		
Corrected Total	799	336567.1322			

R-square	Coeff Var	Root MSE	SC Mean
0.726800	25.74135	11.50228	44.68405

Source	DF	Type ISS	Mean Square	F-Value	Pr > F
Policy	1	18597.5917	18597.5917	140.57	<0.0001
Approach	1	15678.3645	15678.3645	118.50	<0.0001
Policy*Approach	1	16697.1721	16697.1721	126.20	<0.0001
PR(Approach)	2	132.7204	66.3602	0.50	0.6058
ID	99	193511.1248	1954.6578	14.77	<0.0001

最小二乘表

Policy/Approach			Policy*Approach				PR(Approach)			
Policy	Approach	LSMEAN		Policy	Approach	LSMEAN		Approach	PR	LSMEAN
1		49.5055621	A	1	1	58.5010498	P_1	1	1	49.3453085
2		39.8625357	B	1	2	40.5100744	P_2	1	2	48.8767050
	1	49.1110067	C	2	1	39.7209637	R_1	2	1	40.7833075
	2	40.2570911	D	2	2	40.0041077	R_2	2	2	39.7308747

最小二乘差异表

Least Squares Means for effect Policy*Approach Pr > |t| for H0: LSMean(i)=LSMean(j)					Least Squares Means for effect PR(Approach) Pr >|t| for H0: LSMean(i)=LSMean(j)				
i/j	A	B	C	D	i/j	P_1	P_2	R_1	R_2
A		<0.0001	<0.0001	<0.0001	P_1		0.6838	<0.0001	<0.0001
B	<0.0001		0.4929	0.6602	P_2	0.6838		<0.0001	<0.0001
C	<0.0001	0.4929		0.8056	R_1	<0.0001	<0.0001		0.3605
D	<0.0001	0.6602	0.8056		R_2	<0.0001	<0.0001	0.3605	

（3）节点数为 12、可用资源数为 20 的问题集。

① APL。

总体统计信息表

	DF	Sum of Squares	Mean Square	F-Value	Pr > F
Model	104	2822.002361	27.134638	630.92	<0.0001
Error	695	29.890772	0.043008		
Corrected Total	799	2851.893133			

R-square	Coeff Var	Root MSE	APL Mean
0.989519	1.147164	0.207384	18.07802

Source	DF	Type ISS	Mean Square	F-Value	Pr > F
Policy	1	1.430313	1.430313	33.26	<0.0001
Approach	1	3.199833	3.199833	74.40	<0.0001
Policy*Approach	1	1.732231	1.732231	40.28	<0.0001
PR(Approach)	2	0.660263	0.330131	7.68	0.4788
ID	99	2814.979721	28.434139	661.13	<0.0001

最小二乘表

Policy/Approach			Policy*Approach				PR(Approach)			
Policy	Approach	LSMEAN		Policy	Approach	LSMEAN		Approach	PR	LSMEAN
1		18.1202993	A	1	1	18.2300759	P_1	1	1	18.1027639
2		18.0357324	B	1	2	18.0105227	P_2	1	2	18.1797555

续表

| | 1 | 18.1412597 | C | 2 | 1 | 18.0524436 | R_1 | 2 | 1 | 18.0277616 |
| | 2 | 18.0147719 | D | 2 | 2 | 18.0190211 | R_2 | 2 | 2 | 18.0277616 |

最小二乘差异表

Least Squares Means for effect Policy*Approach Pr > |t| for H_0: LSMean(i)=LSMean(j)				Least Squares Means for effect PR(Approach) Pr >|t| for H_0: LSMean(i)=LSMean(j)				
i/j	A	B	C	D	i/j	P_1	P_2	R_1	R_2

i/j	A	B	C	D
A		<0.0001	<0.0001	<0.0001
B	<0.0001		0.0436	0.6821
C	<0.0001	0.0436		0.1075
D	<0.0001	0.6821	0.1075	

i/j	P_1	P_2	R_1	R_2
P_1		0.0002	0.0003	<0.0001
P_2	0.0002		<0.0001	<0.0001
R_1	0.0003	<0.0001		0.2107
R_2	<0.0001	<0.0001	0.2107	

② SDPL。

总体统计信息表

	DF	Sum of Squares	Mean Square	F-Value	Pr > F
Model	104	10.40954836	0.10009181	13.28	<0.0001
Error	695	5.23780264	0.00753641		
Corrected Total	799	15.64735100			

R-square	Coeff Var	Root MSE	SDPL Mean
0.665259	7.486752	0.086812	1.159548

Source	DF	Type ISS	Mean Square	F-Value	Pr > F
Policy	1	1.26402356	1.26402356	167.72	<0.0001
Approach	1	1.84259048	1.84259048	244.49	<0.0001
Policy*Approach	1	1.05077260	1.05077260	139.43	<0.0001
PR(Approach)	2	0.06232904	0.03116452	4.14	0.0164
ID	99	6.18983268	0.06252356	8.30	<0.0001

最小二乘表

Policy/Approach				Policy*Approach					PR(Approach)		
Policy	Approach	LSMEAN		Policy	Approach	LSMEAN		Approach	PR	LSMEAN	
1		1.19929756	A	1	1	1.28353139	P_1	1	1	1.19551162	
2		1.11979839	B	1	2	1.11506373	P_2	1	2	1.21956846	
	1	1.20754004	C	2	1	1.13154869	R_1	2	1	1.11489354	
	2	1.11155591	D	2	2	1.10804810	R_2	2	2	1.10821829	

最小二乘差异表

Least Squares Means for effect Policy*Approach Pr > |t| for H$_0$: LSMean(i)=LSMean(j)					Least Squares Means for effect PR(Approach) Pr > |t| for H$_0$: LSMean(i)=LSMean(j)				
i/j	A	B	C	D	i/j	P$_1$	P$_2$	R$_1$	R$_2$
A		<0.0001	<0.0001	<0.0001	P$_1$		0.0057	<0.0001	<0.0001
B	<0.0001		0.0580	0.4193	P$_2$	0.0057		<0.0001	<0.0001
C	<0.0001	0.0580		0.0070	R$_1$	<0.0001	<0.0001		0.4422
D	<0.0001	0.4193	0.0070		R$_2$	<0.0001	<0.0001	0.4422	

③ TPCP。

总体统计信息表

	DF	Sum of Squares	Mean Square	F-Value	Pr > F
Model	104	27.13976737	0.26095930	432.68	<0.0001
Error	695	0.41917241	0.00060313		
Corrected Total	799	27.55893979			

R-square	Coeff Var	Root MSE	TPCP Mean
0.984790	3.413198	0.024559	0.719519

Source	DF	Type ISS	Mean Square	F-Value	Pr > F
Policy	1	0.08874598	0.08874598	147.14	<0.0001
Approach	1	0.05212248	0.05212248	86.42	<0.0001
Policy*Approach	1	0.09551490	0.09551490	158.37	<0.0001
PR(Approach)	2	0.00805633	0.00402816	6.68	0.0013
ID	99	26.89532768	0.27166998	450.44	<0.0001

最小二乘表

Policy/Approach			Policy*Approach					PR(Approach)			
Policy	Approach	LSMEAN		Policy	Approach	LSMEAN		Approach	PR	LSMEAN
1		0.70898689	A	1	1	0.68998840	P$_1$	1	1	0.71411689
2		0.73005178	B	1	2	0.72798537	P$_2$	1	2	0.70877828
	1	0.71144759	C	2	1	0.73290678	R$_1$	2	1	0.72398337
	2	0.72759108	D	2	2	0.72719679	R$_2$	2	2	0.73119880

最小二乘差异表

Least Squares Means for effect Policy*Approach Pr > |t| for H$_0$: LSMean(i)=LSMean(j)					Least Squares Means for effect PR(Approach) Pr > |t| for H$_0$: LSMean(i)=LSMean(j)				
i/j	A	B	C	D	i/j	P$_1$	P$_2$	R$_1$	R$_2$
A		<0.0001	<0.0001	<0.0001	P$_1$		0.0301	<0.0001	<0.0001
B	<0.0001		0.0455	0.7482	P$_2$			<0.0001	<0.0001
C	<0.0001	0.0455		0.0204	R$_1$	<0.0001	<0.0001		0.0034
D	<0.0001	0.7482	0.0204		R$_2$	<0.0001	<0.0001	0.0034	

④ SC。

总体统计信息表

	DF	Sum of Squares	Mean Square	F-Value	Pr > F
Model	104	289730.9319	2785.8743	66.76	<0.0001
Error	695	29001.6768	41.7290		
Corrected Total	799	318732.6087			

R-square	Coeff Var	Root MSE	SC Mean
0.909009	12.87129	6.459801	50.18767

Source	DF	Type ISS	Mean Square	F-Value	Pr > F
Policy	1	7653.8910	7653.8910	183.42	<0.0001
Approach	1	6517.6696	6517.6696	156.19	<0.0001
Policy*Approach	1	7220.9861	7220.9861	173.04	<0.0001
PR(Approach)	2	322.6186	161.3093	3.87	0.0214
ID	99	268015.7665	2707.2300	64.88	<0.0001

最小二乘表

Policy/Approach			Policy*Approach				PR(Approach)			
Policy	Approach	LSMEAN		Policy	Approach	LSMEAN		Approach	PR	LSMEAN
1		53.2807885	A	1	1	59.1394677	P_1	1	1	52.3762031
2		47.0945574	B	1	2	47.4221093	P_2	1	2	53.7077633
	1	53.0419832	C	2	1	46.9444987	R_1	2	1	47.9360927
	2	47.3333627	D	2	2	47.2446161	R_2	2	2	46.7306327

最小二乘差异表

Least Squares Means for effect Policy*Approach Pr > |t| for H_0: LSMean(i)=LSMean(j)					Least Squares Means for effect PR(Approach) Pr >|t| for H_0: LSMean(i)=LSMean(j)				
i / j	A	B	C	D	i / j	P_1	P_2	R_1	R_2
A		<0.0001	<0.0001	<0.0001	P_1		0.0396	<0.0001	<0.0001
B	<0.0001		0.4599	0.7836	P_2	0.0396		<0.0001	<0.0001
C	<0.0001	0.4599		0.6424	R_1	<0.0001	<0.0001		0.0624
D	<0.0001	0.7836	0.6424		R_2	<0.0001	<0.0001	0.0624	

（4）节点数为 32、可用资源数为 10 的问题集。

① APL。

总体统计信息表

	DF	Sum of Squares	Mean Square	F-Value	Pr > F
Model	104	42471.90539	408.38371	1221.73	<0.0001
Error	695	232.31455	0.33427		

续表

Corrected Total	799	42704.21994			

R-square	Coeff Var	Root MSE	APL Mean
0.994560	0.571225	0.578157	101.2135

Source	DF	Type ISS	Mean Square	F-Value	Pr > F
Policy	1	1297.59304	1297.59304	3881.92	<0.0001
Approach	1	2526.81376	2526.81376	7559.30	<0.0001
Policy*Approach	1	1465.72867	1465.72867	4384.92	<0.0001
PR(Approach)	2	45.38546	22.69273	67.89	<0.0001
ID	99	37136.38446	375.11499	1122.21	<0.0001

最小二乘表

Policy/Approach				Policy*Approach				PR(Approach)		
Policy	Approach	LSMEAN		Policy	Approach	LSMEAN		Approach	PR	LSMEAN
1		102.487098	A	1	1	105.617894	P_1	1	1	102.661271
2		99.939950	B	1	2	99.356303	P_2	1	2	103.320221
	1	102.990746	C	2	1	100.363598	R_1	2	1	99.506374
	2	99.436302	D	2	2	99.516302	R_2	2	2	99.366231

最小二乘差异表

Least Squares Means for effect Policy*Approach Pr > |t| for H_0: LSMean(i)=LSMean(j)					Least Squares Means for effect PR(Approach) Pr > |t| for H_0: LSMean(i)=LSMean(j)				
i / j	A	B	C	D	i / j	P_1	P_2	R_1	R_2
A		<0.0001	<0.0001	<0.0001	P_1		<0.0001	<0.0001	<0.0001
B	<0.0001		<0.0001	0.0058	P_2	<0.0001		<0.0001	<0.0001
C	<0.0001	<0.0001		<0.0001	R_1	<0.0001	<0.0001		0.0156
D	<0.0001	0.0058	<0.0001		R_2	<0.0001	<0.0001	0.0156	

② SDPL。

总体统计信息表

	DF	Sum of Squares	Mean Square	F-Value	Pr > F
Model	104	897.9989449	8.6346052	155.00	<0.0001
Error	695	38.7161801	0.0557067		
Corrected Total	799	936.7151250			

R-square	Coeff Var	Root MSE	SDPL Mean
0.958668	6.359494	0.236023	3.711345

续表

Source	DF	Type ISS	Mean Square	F-Value	Pr > F
Policy	1	90.2139796	90.2139796	1619.44	<0.0001
Approach	1	672.0420186	672.0420186	12063.9	<0.0001
Policy*Approach	1	72.7035097	72.7035097	1305.11	<0.0001
PR(Approach)	2	22.2933435	11.1466718	200.10	<0.0001
ID	99	40.7460934	0.4115767	7.39	<0.0001

最小二乘表

Policy/Approach				Policy*Approach				PR(Approach)		
Policy	Approach	LSMEAN		Policy	Approach	LSMEAN		Approach	PR	LSMEAN
1		4.04715344	A	1	1	5.26515931	P_1	1	1	4.39225262
2		3.37553606	B	1	2	2.82914756	P_2	1	2	4.86352446
	1	4.62788854	C	2	1	3.99061777	R_1	2	1	2.80926021
	2	2.79480096	D	2	2	2.76045435	R_2	2	2	2.78034170

最小二乘差异表

Least Squares Means for effect Policy*Approach Pr > |t| for H$_0$: LSMean(i)=LSMean(j)					Least Squares Means for effect PR(Approach) Pr >|t| for H$_0$: LSMean(i)=LSMean(j)				
i/j	A	B	C	D	i/j	P_1	P_2	R_1	R_2
A		<0.0001	<0.0001	<0.0001	P_1		<0.0001	<0.0001	<0.0001
B	<0.0001		<0.0001	0.0037	P_2	<0.0001		<0.0001	<0.0001
C	<0.0001	<0.0001		<0.0001	R_1	<0.0001	<0.0001		0.2209
D	<0.0001	0.0037	<0.0001		R_2	<0.0001	<0.0001	0.2209	

③ TPCP。

总体统计信息表

	DF	Sum of Squares	Mean Square	F-Value	Pr > F
Model	104	7.45035225	0.07163800	101.40	<0.0001
Error	695	0.49098691	0.00070646		
Corrected Total	799	7.94133916			

R-square	Coeff Var	Root MSE	TPCP Mean
0.938173	2.864600	0.026579	0.927852

Source	DF	Type ISS	Mean Square	F-Value	Pr > F
Policy	1	1.63992584	1.63992584	2321.34	<0.0001
Approach	1	3.76022451	3.76022451	5322.66	<0.0001
Policy*Approach	1	1.64466310	1.64466310	2328.05	<0.0001
PR(Approach)	2	0.09639191	0.04819595	68.22	<0.0001
ID	99	0.30914690	0.00312270	4.42	<0.0001

最小二乘表

Policy/Approach				Policy*Approach				PR(Approach)		
Policy	Approach	LSMEAN		Policy	Approach	LSMEAN		Approach	PR	LSMEAN
1		0.88257567	A	1	1	0.76867583	P_1	1	1	0.87481460
2		0.97312747	B	1	2	0.99647551	P_2	1	2	0.84377135
	1	0.85929298	C	2	1	0.94991013	R_1	2	1	0.99616748
	2	0.99641016	D	2	2	0.99634482	R_2	2	2	0.99665284

最小二乘差异表

Least Squares Means for effect Policy*Approach Pr > |t| for H₀: LSMean(i)=LSMean(j)					Least Squares Means for effect PR(Approach) Pr >|t| for H₀: LSMean(i)=LSMean(j)				
i/j	A	B	C	D	i/j	P_1	P_2	R_1	R_2
A		<0.0001	<0.0001	<0.0001	P_1		<0.0001	<0.0001	<0.0001
B	<0.0001		<0.0001	0.9608	P_2	<0.0001		<0.0001	<0.0001
C	<0.0001	<0.0001		<0.0001	R_1	<0.0001	<0.0001		0.8552
D	<0.0001	0.9608	<0.0001		R_2	<0.0001	<0.0001	0.8552	

④ SC。

总体统计信息表

	DF	Sum of Squares	Mean Square	F-Value	Pr > F
Model	104	32867346.70	316032.18	69.32	<0.0001
Error	695	3168479.47	4558.96		
Corrected Total	799	36035826.17			

R-square	Coeff Var	Root MSE	SC Mean
0.912074	14.37790	67.52010	469.6104

Source	DF	Type ISS	Mean Square	F-Value	Pr > F
Policy	1	8932614.38	8932614.38	1959.35	<0.0001
Approach	1	11445118.97	11445118.97	2510.47	<0.0001
Policy*Approach	1	9259875.03	9259875.03	2031.14	<0.0001
PR(Approach)	2	155797.42	77898.71	17.09	0.8312
ID	99	3073940.90	31049.91	6.81	<0.0001

最小二乘表

Policy/Approach				Policy*Approach				PR(Approach)		
Policy	Approach	LSMEAN		Policy	Approach	LSMEAN		Approach	PR	LSMEAN
1		575.278594	A	1	1	802.474401	P_1	1	1	570.873550
2		363.942199	B	1	2	348.082787	P_2	1	2	607.565960
	1	589.219755	C	2	1	375.965110	R_1	2	1	357.274985
	2	350.001038	D	2	2	351.919288	R_2	2	2	342.727090

最小二乘差异表

Least Squares Means for effect Policy*Approach Pr > |t| for H$_0$: LSMean(i)=LSMean(j)					Least Squares Means for effect PR(Approach) Pr >|t| for H$_0$: LSMean(i)=LSMean(j)				
i/j	A	B	C	D	i/j	P$_1$	P$_2$	R$_1$	R$_2$
A		<0.0001	<0.0001	<0.0001	P$_1$		<0.0001	<0.0001	<0.0001
B	<0.0001		<0.0001	0.5701	P$_2$	<0.0001		<0.0001	<0.0001
C	<0.0001	<0.0001		0.0004	R$_1$	<0.0001	<0.0001		0.0315
D	<0.0001	0.5701	0.0004		R$_2$	<0.0001	<0.0001	0.0315	

（5）节点数为 32、可用资源数为 15 的问题集。

① APL。

总体统计信息表

	DF	Sum of Squares	Mean Square	F-Value	Pr > F
Model	104	18897.70191	181.70867	972.58	<0.0001
Error	695	129.84739	0.18683		
Corrected Total	799	19027.54930			

R-square	Coeff Var	Root MSE	APL Mean
0.993176	0.616373	0.432239	70.12629

Source	DF	Type ISS	Mean Square	F-Value	Pr > F
Policy	1	552.53846	552.53846	2957.43	<0.0001
Approach	1	1402.46047	1402.46047	7506.58	<0.0001
Policy*Approach	1	584.16798	584.16798	3126.72	<0.0001
PR(Approach)	2	30.26494	15.13247	81.00	<0.0001
ID	99	16328.27005	164.93202	882.79	<0.0001

最小二乘表

Policy/Approach				Policy*Approach				PR(Approach)			
Policy	Approach	LSMEAN		Policy	Approach	LSMEAN		Approach	PR	LSMEAN
1		70.9573560	A	1	1	73.1359169	P$_1$	1	1	71.1845442
2		69.2952211	B	1	2	68.7787952	P$_2$	1	2	71.7161082
	1	71.4503262	C	2	1	69.7647355	R$_1$	2	1	68.8731189
	2	68.8022510	D	2	2	68.8257068	R$_2$	2	2	68.7313830

最小二乘差异表

Least Squares Means for effect Policy*Approach Pr > |t| for H$_0$: LSMean(i)=LSMean(j)					Least Squares Means for effect PR(Approach) Pr >|t| for H$_0$: LSMean(i)=LSMean(j)				
i/j	A	B	C	D	i/j	P$_1$	P$_2$	R$_1$	R$_2$
A		<0.0001	<0.0001	<0.0001	P$_1$		<0.0001	<0.0001	<0.0001

续表

B	<0.0001		<0.0001	0.2782	P_2	<0.0001		<0.0001	<0.0001
C	<0.0001	<0.0001		<0.0001	R_1	<0.0001	<0.0001		0.0011
D	<0.0001	0.2782	<0.0001		R_2	<0.0001	<0.0001	0.0011	

② SDPL。

总体统计信息表

	DF	Sum of Squares	Mean Square	F-Value	Pr > F
Model	104	493.7180717	4.7472892	147.95	<0.0001
Error	695	22.3000687	0.0320864		
Corrected Total	799	516.0181404			

R-square	Coeff Var	Root MSE	SDPL Mean
0.956784	6.215873	0.179127	2.881765

Source	DF	Type ISS	Mean Square	F-Value	Pr > F
Policy	1	25.6890063	25.6890063	800.62	<0.0001
Approach	1	406.6514529	406.6514529	12673.6	<0.0001
Policy*Approach	1	22.8771200	22.8771200	712.98	<0.0001
PR(Approach)	2	13.2710139	6.6355070	206.80	<0.0001
ID	99	25.2294786	0.2548432	7.94	<0.0001

最小二乘表

Policy/Approach			Policy*Approach				PR(Approach)		
Policy	Approach	LSMEAN		Policy	Approach	LSMEAN		Approach	PR	LSMEAN
1		3.06096109	A	1	1	3.94302745	P_1	1	1	3.41324259
2		2.70256881	B	1	2	2.17889474	P_2	1	2	3.77621061
	1	3.59472660	C	2	1	3.24642576	R_1	2	1	2.18433034
	2	2.16880330	D	2	2	2.15871186	R_2	2	2	2.15327625

最小二乘差异表

Least Squares Means for effect Policy*Approach Pr > |t| for H0: LSMean(i)=LSMean(j)					Least Squares Means for effect PR(Approach) Pr > |t| for H0: LSMean(i)=LSMean(j)				
i/j	A	B	C	D	i/j	P_1	P_2	R_1	R_2
A		<0.0001	<0.0001	<0.0001	P_1		<0.0001	<0.0001	<0.0001
B	<0.0001		<0.0001	0.2602	P_2	<0.0001		<0.0001	<0.0001
C	<0.0001	<0.0001		<0.0001	R_1	<0.0001	<0.0001		0.0834
D	<0.0001	0.2602	<0.0001		R_2	<0.0001	<0.0001	0.0834	

③ TPCP。

总体统计信息表

	DF	Sum of Squares	Mean Square	F-Value	Pr > F
Model	104	14.89586466	0.14322947	170.73	<0.0001
Error	695	0.58306869	0.00083895		
Corrected Total	799	15.47893335			

R-square	Coeff Var	Root MSE	TPCP Mean
0.962331	3.312869	0.028965	0.874305

Source	DF	Type ISS	Mean Square	F-Value	Pr > F
Policy	1	2.60084696	2.60084696	3100.13	<0.0001
Approach	1	8.49024616	8.49024616	10120.1	<0.0001
Policy*Approach	1	2.61600218	2.61600218	3118.19	<0.0001
PR(Approach)	2	0.12510203	0.06255102	74.56	<0.0001
ID	99	1.06366734	0.01074411	12.81	<0.0001

最小二乘表

Policy/Approach			Policy*Approach				PR(Approach)			
Policy	Approach	LSMEAN		Policy	Approach	LSMEAN		Approach	PR	LSMEAN
1		0.81728744	A	1	1	0.65708502	P_1	1	1	0.78888621
2		0.93132355	B	1	2	0.97748986	P_2	1	2	0.75368782
	1	0.77128701	C	2	1	0.88548901	R_1	2	1	0.97558517
	2	0.97732398	D	2	2	0.97715810	R_2	2	2	0.97906279

最小二乘差异表

Least Squares Means for effect Policy*Approach Pr > |t| for H_0: LSMean(i)=LSMean(j)					Least Squares Means for effect PR(Approach) Pr > |t| for H_0: LSMean(i)=LSMean(j)				
i / j	A	B	C	D	i / j	P_1	P_2	R_1	R_2
A		<0.0001	<0.0001	<0.0001	P_1		<0.0001	<0.0001	<0.0001
B	<0.0001		<0.0001	0.9088	P_2	<0.0001		<0.0001	<0.0001
C	<0.0001	<0.0001		<0.0001	R_1	<0.0001	<0.0001		0.2303
D	<0.0001	0.9088	<0.0001		R_2	<0.0001	<0.0001	0.2303	

④ SC。

总体统计信息表

	DF	Sum of Squares	Mean Square	F-Value	Pr > F
Model	104	17028480.87	163735.39	91.53	<0.0001
Error	695	1243327.13	1788.96		

续表

Corrected Total	799	18271808.00			

R-square	Coeff Var	Root MSE	SC Mean
0.931954	10.28893	42.29610	411.0836

Source	DF	Type ISS	Mean Square	F-Value	Pr > F
Policy	1	4014405.160	4014405.160	2243.99	<0.0001
Approach	1	6143606.795	6143606.795	3434.18	<0.0001
Policy*Approach	1	4065973.218	4065973.218	2272.81	<0.0001
PR(Approach)	2	120830.139	60415.069	33.77	0.8312
ID	99	2683665.556	27107.733	15.15	<0.0001

最小二乘表

Policy/Approach			Policy*Approach				PR(Approach)		
Policy	Approach	LSMEAN		Policy	Approach	LSMEAN		Approach	PR	LSMEAN
1		481.921490	A	1	1	640.845715	P_1	1	1	481.972299
2		340.245713	B	1	2	322.997266	P_2	1	2	515.460515
	1	498.716407	C	2	1	356.587099	R_1	2	1	328.110218
	2	323.450797	D	2	2	323.904328	R_2	2	2	318.791376

最小二乘差异表

Least Squares Means for effect Policy*Approach Pr >|t| for H_0: LSMean(i)=LSMean(j)					Least Squares Means for effect PR(Approach) Pr >|t| for H_0: LSMean(i)=LSMean(j)				
i / j	A	B	C	D	i / j	P_1	P_2	R_1	R_2
A		<0.0001	<0.0001	<0.0001	P_1		<0.0001	<0.0001	<0.0001
B	<0.0001		<0.0001	0.8303	P_2	<0.0001		<0.0001	<0.0001
C	<0.0001	<0.0001		0.0004	R_1	<0.0001	<0.0001		0.0279
D	<0.0001	0.8303	0.0004		R_2	<0.0001	<0.0001	0.0279	

（6）节点数为 32、可用资源数为 20 的问题集。

① APL。

总体统计信息表

	DF	Sum of Squares	Mean Square	F-Value	Pr > F
Model	104	10557.42777	101.51373	772.64	<0.0001
Error	695	91.31281	0.13139		
Corrected Total	799	10648.74058			

R-square	Coeff Var	Root MSE	APL Mean
0.991425	0.664852	0.362471	54.51904

续表

Source	DF	Type ISS	Mean Square	F-Value	Pr > F
Policy	1	253.097020	253.097020	1926.37	<0.0001
Approach	1	858.690416	858.690416	6535.66	<0.0001
Policy*Approach	1	259.824785	259.824785	1977.58	<0.0001
PR(Approach)	2	28.728684	14.364342	109.33	<0.0001
ID	99	9157.086864	92.495827	704.00	<0.0001

最小二乘表

Policy/Approach				Policy*Approach				PR(Approach)		
Policy	Approach	LSMEAN		Policy	Approach	LSMEAN		Approach	PR	LSMEAN
1		55.0815133	A	1	1	56.6874412	P_1	1	1	55.2970559
2		53.9565754	B	1	2	53.4755853	P_2	1	2	55.8130975
	1	55.5550767	C	2	1	54.4227122	R_1	2	1	53.5554481
	2	53.4830120	D	2	2	53.4904387	R_2	2	2	53.4105759

最小二乘差异表

Least Squares Means for effect Policy*Approach Pr > |t| for H_0: LSMean(i)=LSMean(j)					Least Squares Means for effect PR(Approach) Pr > |t| for H_0: LSMean(i)=LSMean(j)				
i / j	A	B	C	D	i / j	P_1	P_2	R_1	R_2
A		<0.0001	<0.0001	<0.0001	P_1		<0.0001	<0.0001	<0.0001
B	<0.0001		<0.0001	0.6821	P_2	<0.0001		<0.0001	<0.0001
C	<0.0001	<0.0001		<0.0001	R_1	<0.0001	<0.0001		<0.0001
D	<0.0001	0.6821	<0.0001		R_2	<0.0001	<0.0001	<0.0001	

② SDPL。

总体统计信息表

	DF	Sum of Squares	Mean Square	F-Value	Pr > F
Model	104	289.6571246	2.7851647	131.0	<0.0001
Error	695	14.7747498	0.0212586		
Corrected Total	799	304.4318744			

R-square	Coeff Var	Root MSE	SDPL Mean
0.951468	5.922126	0.145803	2.462011

Source	DF	Type ISS	Mean Square	F-Value	Pr > F
Policy	1	7.9793208	7.9793208	375.34	<0.0001
Approach	1	248.2095444	248.2095444	11675.7	<0.0001
Policy*Approach	1	7.4039633	7.4039633	348.28	<0.0001
PR(Approach)	2	10.6281923	5.3140961	249.97	<0.0001
ID	99	15.4361038	0.1559202	7.33	<0.0001

最小二乘表

Policy/Approach				Policy*Approach				PR(Approach)		
Policy	Approach	LSMEAN		Policy	Approach	LSMEAN		Approach	PR	LSMEAN
1		2.56188182	A	1	1	3.21509610	P_1	1	1	2.85669934
2		2.36214048	B	1	2	1.90866754	P_2	1	2	3.18134617
	1	3.01902276	C	2	1	2.82294941	R_1	2	1	1.91988544
	2	1.90499954	D	2	2	1.90133154	R_2	2	2	1.89011364

最小二乘差异表

Least Squares Means for effect Policy*Approach Pr > |t| for H$_0$: LSMean(i)=LSMean(j)					Least Squares Means for effect PR(Approach) Pr >|t| for H$_0$: LSMean(i)=LSMean(j)				
i/j	A	B	C	D	i/j	P_1	P_2	R_1	R_2
A		<0.0001	<0.0001	<0.0001	P_1		<0.0001	<0.0001	<0.0001
B	<0.0001		<0.0001	0.6150	P_2	<0.0001		<0.0001	<0.0001
C	<0.0001	<0.0001		<0.0001	R_1	<0.0001	<0.0001		0.0415
D	<0.0001	0.6150	<.0001		R_2	<0.0001	<0.0001	0.0415	

③ TPCP。

总体统计信息表

	DF	Sum of Squares	Mean Square	F-Value	Pr > F
Model	104	22.29856280	0.21440926	227.90	<0.0001
Error	695	0.65386896	0.00094082		
Corrected Total	799	22.95243176			

R-square	Coeff Var	Root MSE	TPCP Mean
0.971512	3.956798	0.030673	0.775192

Source	DF	Type ISS	Mean Square	F-Value	Pr > F
Policy	1	2.85179165	2.85179165	3031.18	<0.0001
Approach	1	12.00824007	12.00824007	12763.6	<0.0001
Policy*Approach	1	2.87517134	2.87517134	3056.03	<0.0001
PR(Approach)	2	0.16649628	0.08324814	88.48	<0.0001
ID	99	4.39686344	0.04441276	47.21	<0.0001

最小二乘表

Policy/Approach				Policy*Approach				PR(Approach)		
Policy	Approach	LSMEAN		Policy	Approach	LSMEAN		Approach	PR	LSMEAN
1		0.71548618	A	1	1	0.53301997	P_1	1	1	0.67203825
2		0.83489706	B	1	2	0.89795239	P_2	1	2	0.63331193

| 1 | 0.65267509 | C | 2 | 1 | 0.77233021 | R_1 | 2 | 1 | 0.89128096 |
| 2 | 0.89770815 | D | 2 | 2 | 0.89746391 | R_2 | 2 | 2 | 0.89128096 |

最小二乘差异表

Least Squares Means for effect Policy*Approach Pr > |t| for H₀: LSMean(i)=LSMean(j)					Least Squares Means for effect PR(Approach) Pr >|t| for H₀: LSMean(i)=LSMean(j)				
i/j	A	B	C	D	i/j	P_1	P_2	R_1	R_2
A		<0.0001	<0.0001	<0.0001	P_1		<0.0001	<0.0001	<0.0001
B	<0.0001		<0.0001	0.8735	P_2	<0.0001		<0.0001	<0.0001
C	<0.0001	<0.0001		<0.0001	R_1	<0.0001	<0.0001		<0.0001
D	<0.0001	0.8735	<0.0001		R_2	<0.0001	<0.0001	<0.0001	

④ SC。

总体统计信息表

	DF	Sum of Squares	Mean Square	F-Value	Pr > F
Model	104	11206244.45	107752.35	68.93	<0.0001
Error	695	1086499.09	1563.31		
Corrected Total	799	12292743.54			

R-square	Coeff Var	Root MSE	SC Mean
0.911615	10.07807	39.53869	392.3242

Source	DF	Type ISS	Mean Square	F-Value	Pr > F
Policy	1	2152998.608	2152998.608	1377.21	<0.0001
Approach	1	4061446.668	4061446.668	2597.98	<0.0001
Policy*Approach	1	2155345.751	2155345.751	1378.71	<0.0001
PR(Approach)	2	125800.402	62900.201	40.24	<0.0001
ID	99	2710653.018	27380.334	17.51	<0.0001

最小二乘表

Policy/Approach				Policy*Approach				PR(Approach)		
Policy	Approach	LSMEAN		Policy	Approach	LSMEAN		Approach	PR	LSMEAN
1		444.201398	A	1	1	567.358635	P_1	1	1	446.642345
2		340.446913	B	1	2	321.044161	P_2	1	2	480.509416
	1	463.575881	C	2	1	359.793126	R_1	2	1	326.340863
	2	321.072431	D	2	2	321.100700	R_2	2	2	315.803998

最小二乘差异表

	Least Squares Means for effect Policy*Approach Pr > |t| for H₀: LSMean(i)=LSMean(j)				Least Squares Means for effect PR(Approach) Pr > |t| for H₀: LSMean(i)=LSMean(j)			
i/j	A	B	C	D	i/j	P_1	P_2	R_1	R_2
A		<0.0001	<0.0001	<0.0001	P_1		<0.0001	<0.0001	<0.0001
B	<0.0001		<0.0001	0.9886	P_2	<0.0001		<0.0001	<0.0001
C	<0.0001	<0.0001		<0.0001	R_1	<0.0001	<0.0001		0.0079
D	<0.0001	0.9886	<0.0001		R_2	<0.0001	<0.0001	0.0079	

致　　谢

本书是在我的导师华中科技大学管理学院崔南方教授和比利时鲁汶大学 Erik Demeulemeester 教授指导的博士论文《离散 DTRTP 环境下项目调度策略的比较研究》的基础上完成的。

首先，我要衷心感谢我的恩师崔南方教授，是他帮助我确定项目调度、关键链/缓冲管理为研究方向，也是他对我的学习、生活和本书的撰写倾注了大量的心血，给予了悉心的指导。导师严谨的治学态度，渊博的学术知识和正直、谦虚的为人给我留下深刻的印象，使我受益终身并成为我学习的榜样。在他的言传身教下，我不仅学到了知识和进行学术研究的科学方法，而且领悟到了做人处世的哲理。天涯地角有穷时，只有师恩无尽处。带着敬意，怀着感激，我要道一声：导师，谢谢您！

其次，要感谢国家留学基金委给予我前往比利时鲁汶大学留学的机会，从而得到了 Erik Demeulemeester 教授和 Willy Herroelen 教授的具体指导。也正是这两位导师多次对我的学习方向进行研究讨论，多次带我参加国际学术会议，并对我的学习给予了许多具体的指导，使我对项目调度专业有了更深的认识和理解，也为本书的写作打下了坚实的基础。

在比利时求学过程中，运作管理研究所马国选师兄，同事 Filip Deblaere、Stefan Creemers、Stijn van de Vonder 等给予我学习上的帮助，好友张扬、程慧君、郑超、王正东、张明月、倪雪晶等在学习和生活上对我的支持和鼓励，在此一并感谢。

感谢马士华教授、刘志学教授、周水银教授、徐贤浩教授等多位专家，在我撰写本书的过程中给予的宝贵意见。感谢我的同窗好友刘春霞、李琴琴、李秀云等同学以及我的师兄冷凯君，师弟别黎、张小明、李海，师妹赵雁、胡雪君，我的研究生学生许静，他们在资料的搜集以及本书的构思、撰写、修改、校对等工作中给予的帮助和关照，才使本书得以顺利完成。

感谢我的丈夫王思燃先生的大力支持和可爱女儿王艾雯、调皮儿子王艾笛在生活中给我带来的无穷乐趣。

感谢各位评审专家和教授在百忙之中的评阅，本书还存在不足，敬请批评指正！

最后，感谢学校对我的教育和培养！感谢单位的领导和同事的大力支持。